cartas a um jovem

cientista

Marcelo Gleiser

O universo, a vida e outras paixões

cartas a um jovem cientista

Marcelo Gleiser

O universo, a vida e outras paixões

ELSEVIER

CAMPUS

Copidesque: Shirley Lima da Silva Braz
Editoração Eletrônica: Estúdio Castellani
Revisão Gráfica: Edna Cavalcanti e Roberta Borger
Projeto Gráfico: Folio Design

Elsevier Editora Ltda.
A Qualidade da Informação.
Rua Sete de Setembro, 111 – 16º andar
20050-006 Rio de Janeiro RJ Brasil
Telefone: (21) 3970-9300 FAX: (21) 2507-1991
E-mail: *info@elsevier.com.br*
Escritório São Paulo:
Rua Quintana, 753/8º andar
04569-011 Brooklin São Paulo SP
Tel.: (11) 5105-8555

ISBN 978-85-352-2077-3

Nota: Muito zelo e técnica foram empregados na edição desta obra. No entanto, podem ocorrer erros de digitação, impressão ou dúvida conceitual. Em qualquer das hipóteses, solicitamos a comunicação à nossa Central de Atendimento, para que possamos esclarecer ou encaminhar a questão.

Nem a editora nem o autor assumem qualquer responsabilidade por eventuais danos ou perdas a pessoas ou bens, originados do uso desta publicação.

Central de atendimento
Tel: 0800-265340
Rua Sete de Setembro, 111, 16º andar – Centro – Rio de Janeiro
e-mail: *info@elsevier.com.br*
site: *www.campus.com.br*

CIP-Brasil. Catalogação-na-fonte.
Sindicato Nacional dos Editores de Livros, RJ

G468c Gleiser, Marcelo, 1959-
Cartas a um jovem cientista: o universo, a vida e outras paixões/ Marcelo Gleiser. – Rio de Janeiro: Elsevier, 2007.
(Cartas a um jovem...)

ISBN 978-85-352-2077-3

1. Gleiser, Marcelo, 1959-. 2. Cientistas – Brasil. 3. Ciência – História. I. Título. II. Série.

07-0553. CDD: 925
CDU: 929:5

Ao Lucian, que a cada dia descobre mais

PREFÁCIO

Quando comecei a pensar em como organizar este livro, o que diria nestas cartas, quem seriam os jovens e não tão jovens que as leriam, lembranças e situações do meu passado surgiam em minha cabeça com uma insistência surpreendente: minhas dúvidas se deveria ou não ser físico, meus sonhos, medos, minhas discussões nem sempre amistosas (mas sempre importantes) com meu pai – que achava que ser físico no Brasil era uma loucura –, meus embates com a matemática e com os conceitos novos e nem sempre tão óbvios da física, enfim, todo o processo de formação que eu, assim como a maioria dos cientistas em suas diversas áreas, vivenciam no início de suas carreiras.

Meu objetivo aqui é contar um pouco do que aprendi nos quase trinta anos que dediquei à ciência, minhas experiências, escolhas, sucessos e fracassos. Talvez, ao contar um pouco de minha história, aqueles que passam pelos mesmos dilemas, que procuram pelo seu caminho, possam encontrar algumas respostas às questões que os afligem. Por isso, decidi escrever cartas a mim mesmo; não a quem sou hoje, mas a quem fui, um garoto apaixonado pela Natureza, mas inseguro com relação ao futuro, tentando ir em frente, entender quem é, procurando seu lugar num mundo nem sempre fácil ou agradável, mas sempre fascinante.

SUMÁRIO

1. PRÓ-CURA

Caro Marcelo

Você me escreveu pedindo conselho sobre o que fazer da vida, logo a mim que, como você ainda não sabe – nem poderia saber –, serei você dentro de trinta anos. Inicialmente, hesitei. Afinal, mexer com a marcha do tempo, com a causalidade, é violar uma das leis mais sagradas da física. Após muita reflexão, resolvi fazê-lo. Uma coisa, porém, deve ficar bem clara: estas cartas serão para você como um sonho interrompido. Você sabe que sonhou, sente ainda a emoção do sonho, mas não consegue mais lembrar-se de seu conteúdo. Fica apenas o eco distante de cenas dançando em sua mente, situações, pessoas, promessas de que tudo se resolverá. Para você, estas cartas são um sonho bom. Para mim, talvez menos, pois me fazem dar conta do tempo que já passou.

Realmente é estranho escrever para mim mesmo. Algumas pessoas, as que não me conhecem, podem até achar que faço isso por puro narcisismo. Claro que não é nada disso. Se existe algo que aprendi nesses trinta anos de carreira é que a lição mais importante que a Natureza nos ensina é a humildade. Nunca entendi, e continuo sem entender, por que certos cientistas, e aqui não importa se são físicos, químicos ou biólogos, são tão arrogantes. Lembro-me de entrar na sala de um professor, tremendo dos pés à cabeça, como se o sujeito fosse alguma espécie de divindade. E o pior é que se comportava mesmo desse jeito, achando-se o máximo, empoleirado no alto de sua arrogância, intimidando estudantes e colegas. Longe de mim querer julgar a opinião que as pessoas têm de si próprias. Mas, quando hoje me deparo com um cientista arrogante – e, infelizmente, isso ocorre com muita freqüência –, sorrio calado, lembrando-me do que dizia meu avô: "Quem usa um chapéu maior do que a cabeça acaba tapando os olhos."

Escrevo isso porque você me contou de suas inseguranças, de não saber se "é bom o suficiente" para seguir a carreira de físico. Nada pior para um jovem ou uma jovem (e para as mulheres a situação é ainda mais complicada, graças ao preconceito absurdo de que "ciência e matemática são coisa de homem", preconceito que, infelizmente, ainda vinga em muitos lugares) que passa por momentos difíceis, tentando encontrar seu caminho, uma direção na vida, do que bater na porta errada e dar de cara com um cientista arrogante que diz que é melhor escolher outra profissão porque ciência não é para ele. Mesmo que isso nunca tenha acontecido comigo, sei de muitas histórias assim. O pobre do estudante sai da sala cabisbaixo, às vezes aos prantos, sem saber o que fazer, mais perdido do que nunca.

Como saber se ser cientista é a escolha certa para você? Na minha opinião, a resposta é uma só: tentando!

Vamos por partes. Escrever em nome de todas as ciências é algo impossível, para mim ou qualquer outro cientista. Portanto, falo apenas das ciências com as quais tenho alguma intimidade: física, astronomia, química e biologia, com ênfase maior nas duas primeiras. Matemática, claro, também, se bem que, para mim, ela é mais um instrumento, uma linguagem, do que um fim em si mesmo, como o é para os matemáticos, especialmente aqueles chamados de "matemáticos puros". De qualquer forma, mesmo que você seja um aspirante a cientista, espero que estas cartas sejam úteis também àqueles que não queiram ser cientistas profissionais, mas que tenham apenas um interesse pela ciência e pelos cientistas. Imagino que você irá dividi-las com outras pessoas, certo? Talvez até os que não têm a menor atração por ciência encontrem algo de relevante nestas linhas. (Essas pessoas não sabem o que estão perdendo...) Afinal, dilemas semelhantes – dúvidas, disputas, dificuldades, arrogância dos que deveriam ser mentores, e não intimidadores – ocorrem em medicina, direito, economia ou qualquer outra profissão. Diga-me teus problemas que te direi quem és.

Escolher é o que nos torna humanos. Temos a vantagem de não ter de seguir cegamente os propósitos da evolução, já que nossa existência não é escrava exclusiva da necessidade de nos preservar e procriar. Temos algo que vai além do meramente animal, a capacidade de nos maravilhar com o mundo, com os que estão a nosso lado, de refletir sobre e aprender com o que sabemos e o que não sabemos. É essa capacidade que nos faz ir além do óbvio, em busca de novos significados, novas formas de expressar quem somos e compreender o mundo em que vivemos.

Voltemos, então, à questão da escolha. Como decidir se ciência é para você? Talvez o melhor aqui seja contar um pouco de minha história. Mesmo que seja o que aconteceu comigo (e o que vai acontecer contigo...), acho que traz algumas lições que talvez sirvam para mais gente. Digo isso pois parto da premissa de que você irá dividir o que escrevo nestas cartas com outras pessoas, mesmo que em conversas imaginárias.

Quando tinha 18 anos, estava em crise. Havia passado no vestibular para a Universidade Federal do Rio de Janeiro, destinado a cursar engenharia química. Se me perguntassem o que faz um engenheiro químico, responderia algo como "trabalha com aplicações da química à engenharia, produção de plásticos e produtos petroquímicos, tintas etc. Os mais legais, ao menos para mim, trabalham com fontes alternativas de energia e reciclagem de lixo industrial. Aliás, é uma dessas duas coisas que quero fazer quando me tornar engenheiro: ou trabalhar com energia solar e aliviar nossa dependência dos combustíveis fósseis ou projetar fábricas de alta eficiência, de modo que o lixo e os detritos produzidos sejam reutilizados e a poluição, eliminada ao máximo. Os engenheiros químicos podem salvar o mundo!".

Nada mal essa visão heróica da engenharia! Entrei na universidade convencido disso, ou pelo menos iludido de que podia ser esse engenheiro-herói. De onde veio essa ilusão? Da minha indecisão de adolescente, que não sabia o que fazer da vida. Passei o científico – que hoje chamam de ensino médio – dividido entre três mundos: o vôlei, que jogava seriamente desde os 12 anos; o violão, que tocava desde a mesma idade; e os estudos no Colégio Princesa Isabel, no Rio de Janeiro. No "Princesa", como chamávamos a escola, acabei na turma A, a dos cdfs que estudavam muito, os que deveriam tirar os primeiros lugares no vestibular, levantando a bola da escola. Só então resolvi estudar para valer; antes, passava de ano por passar, sem ligar muito para o que aprendia, com exceção de história, física e geometria, disciplinas de que sempre gostei.

Não era fácil ser da turma A: todo mundo era muito bom aluno! E, para complicar as coisas, meus dois irmãos mais velhos também haviam sido excelentes alunos, daqueles tipo geniozinho mesmo. Sofri muita pressão em minha adolescência para ser o melhor em tudo. Só que não era. Jogava bem vôlei, mas não era e nunca fui o melhor do time; tocava bem violão, mas não era superdotado como alguns amigos músicos; era bom aluno no Princesa, mas longe de ser o melhor da turma. O que eu tinha de bom eram duas coisas: uma memória muito boa, e muita, mas muita disposição. Alguns diriam até que era meio obsessivo. Mergulhava fundo, de cabeça, em tudo que fazia, sem medir esforços. Quando tinha 11 anos e resolvi pescar, já era assim meio obstinado: "Lá vai o Marcelo todo feliz para a Praia de Copacabana, caniço na mão, isca de sardinha no isopor, pescar seus bagres e cocorocas." Como meus irmãos me gozavam... mas tudo bem, ia porque me sentia bem ali, longe de tudo e de todos, sentado à beira do mar, cercado de horizonte e céu azul, escutando a conversa incessante das ondas. Ia, não sabia ainda, porque precisava estar perto da Natureza, como se respondesse a seu chamado. Amava a paz da solidão, a visão romântica do homem, tão pequeno, perante a imensidão do cosmo. Até hoje pesco, pelo mesmo motivo.

Quando me deparei com os outros alunos da turma A, fui me aproximando dos que gostavam de ciência. Tive a sorte de ter tido excelentes professores no Princesa, especialmente, ao menos para mim, os de física. Lembro-me bem do Sampaio, oscilando para a frente e para trás, como se seus pés fossem cadeiras de balanço (diziam que ele não tinha o dedão dos pés), explicando os princípios dos átomos e da tabela periódica, as leis da termodinâmica e dos circuitos elétricos. ("Quem vê ri", isto é, V = RI, a voltagem através de um resistor é igual ao produto de sua resistência R e a corrente que passa por ele, I.) Ficava fascinado com o poder da razão humana de descrever o comportamento do mundo natural de modo quantitativo, seguro. Era um grande alívio encontrar ordem num mundo que parecia tão caótico – guerras constantes, Vietnã, Israel, a Guerra Fria, um Brasil governado por generais, a imprensa censurada, pessoas torturadas, exilados políticos, a Seleção incapaz de repetir o feito da Copa de 70, as dificuldades do primeiro amor.

Organizamos um clube de ciência: todas as semanas nos reuníamos para ler um artigo da revista americana *Scientific American*, tentando decifrar seu conteúdo com o pouco de ciência que havíamos aprendido até então. Se não entendíamos tudo, ao menos nos divertíamos muito e aprendíamos um pouco. Ficamos entusiasmados. Esse foi meu primeiro flerte mais sério com a ciência. Achei que meu negócio era mesmo física. Afinal, eu tinha até uma foto do Einstein em meu quarto com autógrafo original do dito cujo! Mas essa história já contei em meu livro *A Dança do Universo* e deixo passar. No segundo ano científico, com 16 anos, comecei a pensar em fazer física. Não que tivesse idéia do que fazia um físico moderno. Sabia apenas dos grandes ídolos e suas vidas, Madame Curie, Einstein, Galileu, Newton, Bohr... para ser sincero, nunca tinha *visto* um físico de verdade! Na minha família jamais houvera um único cientista. Meus avôs eram negociantes, meu pai era dentista, meus tios eram médicos, donos de loja...

Resolvi contar a meu pai que queria ser físico. Você se lembra dessa conversa, não? Foi mais ou menos assim.

"O quê? Físico? Astrofísico? O que é isso, filho! Você acha que alguém vai pagar você para contar estrelas?"

"Ô pai, que besteira, astrofísico não conta estrelas! Astrofísico desvenda os mistérios do Universo, as propriedades das estrelas, dos buracos negros, legal, né?"

"Buraco negro é onde você vai parar se continuar pensando nessas besteiras! Você precisa de uma profissão sólida, que lhe dê um futuro, um salário decente. Isso de ser astrofísico é coisa de sonhador. Feito quando você queria ser músico..."

"Mas, pai, adoro essas coisas, você sabe disso."

"Filho, nem sempre a gente pode ser o que quer. Você sabia que eu sempre quis ser médico? Acabei virando dentista porque seu avô me pressionou. E agora, você vê que deu certo. Sou um bom dentista."

"Pode ser, pai, mas acho que você teria sido um médico ainda melhor."

"Tarde demais para isso."

"Mas para mim, não."

"Exatamente! É por isso que você precisa escolher a profissão certa. Minha sugestão é que você estude engenharia química. O Brasil precisa de engenheiros!"

"Engenharia química? Por que engenharia química?

"Você não gosta de ciência? Então, engenharia química mistura física com química e pode até ter biologia.

Assim você continua perto das ciências na sua profissão e ganha um salário decente."

"Não sei, pai. Não me vejo muito como engenheiro."

"E como você pode saber? Você precisa tentar! Nada impede que você continue a ler suas *Scientific American* para o resto da vida. Você pode ser um físico amador. Feito eu, que sou músico amador."

"Tá, pai, vou pensar no assunto..."

Pensei. E acabei fazendo vestibular para engenharia química, como meu pai havia sugerido. E se sou físico hoje foi justamente graças a isso! Por uma grande felicidade, os dois primeiros anos do currículo de engenharia química coincidem quase que exatamente com os de física. Ou ao menos coincidiam em 1977. Conheci alunos de física e seus professores, físicos de verdade, trabalhando no Brasil, e não na Europa, durante as primeiras décadas do século XX. Foi uma revelação. Pela primeira vez, vi a física viva e não apenas em livros e revistas.

Os problemas começaram cedo; logo no primeiro semestre, ficou claro que eu não tinha a menor competência para química analítica. Era um verdadeiro desastre nos exames de laboratório, quando o estudante tinha de descobrir as substâncias químicas num tubo de ensaio usando certos testes. Não fosse a parte teórica do curso, não teria passado. Por outro lado, as aulas de cálculo e, principalmente, as de física eram uma maravilha. Já na metade do ano, ficou claro que minha atração pela química diminuía a passos largos. Comecei a estudar mais física e cálculo, a freqüentar a biblioteca do Instituto de Física, a conversar com os alunos e professores. Descobri que o CNPq dava "bolsas de iniciação científica" a alunos de graduação; bastava ter notas relativamente boas e encontrar um professor disposto a ser seu orientador. Foi quando procurei o professor Arvind Vaydia e perguntei inocentemente se me orientaria no estudo da teoria da relatividade. Achei que jamais daria certo: um aluno do primeiro ano de engenharia química pedindo bolsa no Instituto de Física para estudar relatividade era no mínimo estranho. Mas deu! Ganhei a bolsa e mergulhei no estudo da teoria da relatividade, sob a paciente orientação do professor Vaydia, um físico de partículas nascido na Índia com doutorado nos Estados Unidos.

Comecei lendo o clássico *Princípios da Relatividade*, do próprio Einstein, uma obra-prima de clareza e simplicidade de exposição. Resultado: comecei a pensar seriamente em me transferir da engenharia para a física, com ou sem a bênção de meu pai.

Foi a essa altura que reencontrei um amigo meu de infância, o Luiz Ghivelder, que cursava física na PUC do Rio. Ele me falou maravilhas do curso, insistindo que, se minha inclinação era mesmo fazer física, deveria me transferir. Visitei a universidade, assisti a algumas aulas e adorei. Mas será que eu tinha cachê para isso? Será que sobreviveria ao temido curso de física na PUC ou na UFRJ? Será que conseguiria fazer carreira de físico no Brasil? Precisava de conselhos.

Meu irmão mais velho, também chamado Luiz, era o grande aventureiro da família, o que quebrou todas as regras para traçar o caminho que queria. Ele estava no hospital com hepatite, uma das raras ocasiões em que não estava indo ou vindo de algum lugar. Só mesmo o fígado para ancorá-lo na cama. Fui falar com ele sobre minhas dúvidas. "Marcelo, se você se vê físico, adora física e se acha bom o suficiente, vá em frente! Você só vai descobrir tentando."

É, mas o que significa ser "bom o suficiente"? O que é suficiente? Ser outro Einstein? Pobre de mim! Ser bom para ser professor numa universidade brasileira? Não sabia. Falavam-me da escassez de empregos, da competição acirrada, dos salários baixos. Mas o tempo estava passando, já estava na metade do segundo ano, me ferrando em química analítica e me dando bem em física e cálculo, estudando relatividade, conversando com os alunos de física da UFRJ e da PUC. Precisava tomar uma decisão.

Já havia entendido que, se fosse fazer física, faria física teórica. Meu negócio era aplicar a matemática à Natureza, criar modelos para descrever os fenômenos naturais. Gostava de laboratório, entendia sua importância nas ciências físicas, mas não era para mim.

Os primeiros anos de universidade são anos de exploração e aprendizado. Descobrimos, aos poucos, quais são as nossas verdadeiras aptidões, se podemos mesmo dar vida a nossos sonhos ou se devemos fazer escolhas mais sóbrias. Toda escolha envolve um risco. E, para arriscar, é preciso ter coragem. Optar pelo mais fácil pode ser conveniente no curto prazo. Mas, com o passar dos anos, essas escolhas fáceis podem custar muito caro.

Olhei para dentro de mim. Viajei sozinho, passei duas semanas refletindo sobre o que fazer. *Amava* física, ciência, queria fazer parte desse grupo de homens e mulheres que dedicam suas vidas ao estudo da Natureza. Desvendar os mistérios do Universo e da vida é um privilégio sem igual. Mesmo que não fosse um Einstein, sabia que encontraria um lugar para mim neste mundo. Via meus professores; alguns eram mesmo brilhantes, enquanto outros pareciam ser pessoas normais. Imaginei meu futuro como físico, em minha sala, enchendo o quadro-negro de cálculos e fórmulas, discutindo um problema complexo com os colegas, dando aulas a meus futuros alunos. Adorava dar aula, sabia também disso. Imaginei meu futuro como engenheiro – me vi entrando numa fábrica, subindo as escadas e olhando para a linha de produção através da vidraça de minha sala, discutindo esse ou aquele problema técnico com meu colega de capacete branco e prancheta na mão. Uma vida interessante mas, ao menos para mim, não apaixonante. Decidi. Não tinha (ou tenho) nada contra os engenheiros. Muito pelo contrário: sem eles, essa maravilhosa tecnologia que define a sociedade moderna não existiria. Mas não era para mim. Tinha de ser físico mesmo, não importava como. Tinha de participar desse processo de descoberta chamado ciência. Senão, não seria eu. E eu queria ser eu, queria poder viver tudo o que tinha direito, queria poder, quando ficasse velho, olhar para trás sem me arrepender das escolhas que fiz.

Existe, sem dúvida, o aspecto técnico da ciência, seja ela física, biologia ou zoologia. Toda ciência utiliza uma linguagem própria, especializada, ferramentas que permitem sua execução. Por exemplo, na física teórica, são conceitos, matemática e, hoje em dia, computadores. Na física experimental, a mesma coisa e mais os equipamentos de laboratório. Na zoologia, um conhecimento veterinário, da fisiologia animal, da classificação das espécies etc. Sempre se fala na aptidão para uma profissão ou outra. "Ah, fulaninho é um geniozinho no piano, tem de ser músico. Sicrano, por sua vez, sabe muita matemática, vai ser matemático ou físico", e por aí afora. É muito difícil quantificar aptidão, essa facilidade inerente que certas pessoas têm para essa ou aquela atividade. Sem dúvida, a aptidão existe e certas pessoas têm mesmo mais talento em certas áreas. No entanto, é importante ter em mente que aptidão ajuda, mas não é nem necessária nem suficiente para garantir o sucesso numa profissão. Ter só aptidão não adianta; é necessário muito esforço e dedicação para transformá-la em sucesso e realização profissional. Isso é tanto verdade para as pessoas normais como para os ditos "gênios". A diferença, talvez, seja a quantidade de esforço requerida. É como se os gênios tivessem um barco a motor para atravessar um rio e os normais, um barco a remo. Claro, é mais fácil para os gênios. Mas eles precisam saber pilotar o barco e ter gasolina suficiente para chegar do outro lado. Os remadores têm de trabalhar mais duro, mas também podem chegar lá. O importante é querer atravessar o rio, ter determinação para isso, mesmo que os braços doam, a sede aperte e você veja outros barcos adiante, deixando você para trás.

Acho que foi Thomas Alva Edison – inventor, entre outras coisas, da lâmpada elétrica – que disse que o sucesso precisa de 10% de inspiração e 90% de transpiração. É importante lembrar-se disso durante a longa travessia do rio. Todo mundo sua, mesmo que uns suem menos do que outros. O fundamental é continuar remando, acreditando que seja possível cruzar o rio. É durante a travessia que as descobertas ocorrem. E nem todas as descobertas são feitas pelos ditos "gênios". Aliás, a maioria é feita por pessoas normais, que se dedicam de corpo e alma a realizar seu sonho e a dar vida às suas idéias. Para se construir um hotel são necessários tanto bombeiros e carpinteiros quanto arquitetos. Se todo mundo fosse arquiteto, não existiriam hotéis. Ciência também é assim. Existem vários níveis de criatividade, uns mais fundamentais do que outros, mas todos relevantes. O importante é fazer parte da construção, dar sua contribuição, por menor que seja.

Terminado meu segundo ano de engenharia, me transferi para o curso de física da PUC do Rio de Janeiro. Foi a decisão mais feliz de minha vida. Sei disso agora. Na época, estava ainda cheio de dúvidas, incerto sobre meu futuro. Não ajudou nada ter agido contra o desejo de meu pai. Mas tinha uma convicção inexplicável de que esse era meu caminho e que iria fazer tudo a meu alcance para que desse certo.

Não foi fácil. Tive de cursar todas as cadeiras do terceiro ano de física e mais as que eu havia perdido nos dois primeiros anos. Estudei como um condenado. O curso era ultrapuxado, legendário. Das dezenas de alunos que entravam, menos de dez se formavam. Foram anos duros, mas inesquecíveis. Aprendi a ter a disciplina necessária para seguir em frente, a ter a humildade de admitir que tinha muito o que aprender, e a discutir com os colegas de turma o que nos era ensinado nas salas de aula. Mais importante ainda: aprendi a ser independente. O processo educacional tende a ser muito passivo: o aluno sentado na cadeira, recebendo informações como se fosse uma caixa de correio. Não deve ser assim. Aprender não é um ato passivo, e sim ativo. É necessário ter determinação e iniciativa, ir além do que é ensinado em aula. Li os clássicos, os livros do Einstein, do Feynman e do Heisenberg, do Carl Sagan e do Steven Weinberg; li, também, livros mais avançados, mesmo que não entendesse tudo o que lia. Era bom descobrir o quanto não sabia, o quanto ainda tinha para aprender. Era bom saber que ciência é mais do que uma simples escolha profissional; ciência é uma paixão, uma filosofia de vida, uma entrega que vai além da mera rotina do dia-a-dia. Ciência é uma entrega ao novo, ao desconhecido.

Queria encerrar esta primeira carta contando um episódio que ocorreu comigo (e que ocorrerá com você) aos 19 anos. Na época, muitos, talvez a maioria, de meus amigos fazia ou já havia feito alguma forma de análise ou terapia. Eu, que tive uma infância meio complicada, nunca tinha tido ao menos uma entrevista com um psicólogo ou psicanalista. Daí que enfiei na cabeça que estava na hora de resolver certos "problemas", que precisava encontrar um psicanalista. Pois bem. Uma das minhas professoras na PUC, a Sarah de Castro Barbosa, era ex-esposa do grande Hélio Pelegrino, um expoente da psicanálise brasileira, um terapeuta realmente genial. Por meio da Sarah, consegui uma entrevista com o Hélio, o que não era nada fácil. Passei quase uma hora contando-lhe meus problemas, meu passado, minhas dúvidas e, claro, falando de minha paixão pela física. Terminado o tempo, esperançoso, perguntei-lhe se achava que precisava de terapia e se podia ser seu paciente. Sempre elegante, Hélio me disse algo que jamais esqueci: "Marcelo, para mim, o processo terapêutico é, em essência, uma pró-cura. É você, por intermédio de sua busca, que deve se autocurar. Após ouvi-lo, ficou claro que você já achou seu caminho: a física é sua busca. Ela é e vai ser a sua pró-cura. Continue se dedicando a ela, a essa comunhão que você sente com a Natureza. Essa é sua pró-cura." Para a minha decepção (apenas inicial) e espanto de meu amigos, o Hélio Pelegrino me deu alta na entrevista.

2. VIDA DE CIENTISTA

Caro Marcelo

Que bom que você recebeu minha carta, mesmo que isso viole uma das leis mais fundamentais da física, a causalidade. Como você sabe, é impossível receber sinais vindos do futuro, pois isso implicaria que teriam viajado ao passado. E, ao menos segundo a física atual, nada – nem ninguém – viaja para o passado. Com exceção, claro, da imaginação. É essa, justamente, a magia da literatura: nela, podemos criar nossos próprios universos e fazer deles o que bem entendermos, até mesmo reescrever as leis da Natureza. O escritor de ficção é, de certa forma, um deus brincando de criar mundos. Esses mundos são o seu laboratório, onde ensaia e testa os dramas e paixões das pessoas, inventando situações que forçam seus leitores a refletir sobre quem são; podemos aprender muito sobre o mundo do possível por meio de fantasias impossíveis ou mesmo absurdas.

Aliás, essa técnica de se imaginarem situações impossíveis para delas extrair conhecimento não é província apenas da literatura ou da arte. Em ciência também se faz isso – e muito. Sem fantasia, a criatividade em qualquer área murcha. De certa forma, qualquer hipótese ainda não testada é uma fantasia, um exercício nos limites do possível. E hipóteses formam o arcabouço da ciência. Eis um exemplo disso. Quando Einstein tinha 16 anos, imaginou a seguinte situação: o que aconteceria se pudéssemos cavalgar ao lado de uma onda de luz? A dificuldade aqui é que nada pode viajar na velocidade da luz. Einstein não sabia disso ainda (ele irá descobrir depois, inspirado por essa fantasia), mas sabia que a velocidade da luz é de 300 mil quilômetros por segundo: você pisca os olhos e a luz dá sete voltas e meia em torno da Terra! A visão dele, de uma pessoa cavalgando ao lado de uma onda de luz, abriu uma porta em sua imaginação, mesmo sendo uma noção absurda. Ao atravessar essa porta, dez anos mais tarde, Einstein propôs a famosa teoria da relatividade especial, que mostra que nada pode viajar mais rápido do que a luz. E que é impossível viajarmos para o passado...

Dito isso, continuaremos impunemente nossa conversa anacrônica, sem nos preocupar muito com o improvável encontro de uma pessoa com ela mesma em dois tempos diferentes. Se sou a sua fantasia futura, você é minha lembrança. Eu habito a sua imaginação e você, a minha. Após ler estas cartas, você se esquecerá de seu conteúdo. Esse é o nosso trato. E é fundamental que seja assim. Caso contrário, toda a angústia do não-saber, de galgar às escuras em direção a um futuro incerto, de fazer escolhas, certas e erradas, enfim, toda a sua pró-cura seria comprometida. E eu não quero, nem tenho o direito, de roubar-lhe a vida.

Você me pergunta, ansioso, como é a vida de um cientista. Essa pergunta tem muitas respostas! Depende de vários fatores, começando pelo tipo de ciência. Vamos, então, fazer uma primeira distinção, entre ciência teórica e experimental. (Espero que você não se incomode se eu, às vezes, usar "nós" quando me referir a mim mesmo e a você. Afinal, mesmo que sejamos a mesma pessoa, existimos em tempos diferentes, formando, portanto, um grupo de dois elementos: eu, que fui você, e você, que virá a ser eu.) Você leu em minha carta anterior sobre as dificuldades que tivemos no laboratório de química inorgânica, como o que nos salvou foi a parte teórica do curso. Bem, ciência, seja ela qual for, se baseia no método empírico: informação sobre o mundo natural deve ser obtida por meio de observações de fenômenos e, quando possível, de sua repetição em laboratório.

Examinemos um exemplo. Considere a seguinte afirmação: todos os objetos com massa, seja uma pena de galinha ou uma bala de canhão, são atraídos igualmente pela gravidade da Terra. Essa afirmação é falsa ou verdadeira? À primeira vista, parece falsa: afinal, basta deixarmos uma pena de galinha e uma bala de canhão cair da mesma altura para verificarmos que a bala cai muito mais depressa. Isso é o que diz nossa experiência cotidiana. O problema é que, em ciência, essa experiência nem sempre ajuda. Em geral, atrapalha! Leia, novamente, a afirmação: todos os objetos com massa, seja uma pena de galinha ou uma bala de canhão, são atraídos igualmente pela gravidade da Terra. Ela não se refere ao *tempo* de queda, mas à *atração* exercida pela gravidade terrestre sobre objetos com massa. Como podemos testá-la? Um físico experimental demonstra, após vários testes (bem óbvios...), que o tempo de queda dos objetos depende da resistência do ar. Portanto, temos de eliminar o ar para testar se, de fato, todos os objetos são atraídos da mesma forma pela Terra. Se forem, uma vez eliminado o ar, cairão ao mesmo tempo. O físico repete a experiência num cilindro vedado, praticamente sem ar. Isso pode ser feito usando uma "bomba de vácuo", uma máquina que suga o ar de um volume fechado. Dito e feito, sem ar no cilindro, a pena e a bala caem exatamente ao mesmo tempo! Fica demonstrada a afirmação que tanto contraria nossa intuição. Você não acredita? Repita a experiência e certifique-se de que é verdade. Essa é a beleza da ciência: não é necessário crer, e sim ver.

O que aprendemos com esse exemplo? Que nossa intuição pode nos enganar. Apenas quando fazemos a experiência de modo correto, eliminando possíveis fontes de erro (no caso, a resistência do ar), é que podemos de fato testar a veracidade de uma hipótese. Aprendemos, também, que a marca do bom cientista é justamente eliminar os efeitos que podem levar a conclusões errôneas. Isso não é nada trivial. Muitas vezes, o efeito errado é eliminado e a validade do experimento fica comprometida. Mais importante ainda: esse exemplo simples nos permite ver que a essência das leis da ciência muitas vezes esconde-se por trás de véus bastante sutis. Fazer ciência é desvendar a Natureza, revelar sua essência mais profunda, sem se deixar levar pelas aparências ou por falsas intuições.

Esse exemplo – ou o do laboratório de química que nos angustiou tanto, ou o de um biólogo que estuda a transmissão genética de uma mutação analisando várias gerações de moscas da fruta (*Drosofila melanogaster*), ou o de um astrônomo que aponta seu telescópio para uma galáxia distante – ilustra atividades científicas *experimentais*, baseadas na execução de experimentos e/ou observações, e na subseqüente coleta e análise de dados. A maioria absoluta dos cientistas se dedica a esse tipo de ciência, fiel ao fato de a ciência ser uma atividade empírica, em que qualquer informação sobre a Natureza é extraída diretamente da Natureza.

Porém, existe outro tipo de atividade científica, complementar à experimentação, dedicada à construção de modelos matemáticos que descrevem e organizam os resultados da ciência experimental. Esse é o caso da física ou da química teórica, da matemática aplicada e da biologia teórica. Quando Galileu, que, aliás, foi quem descobriu a lei da queda dos objetos que discutimos anteriormente, afirmou que "a língua da Natureza é a matemática", ele quis dizer que os fenômenos naturais podem ser descritos por equações e relações matemáticas. A beleza disso está em seu enorme poder de síntese: se todos os objetos são atraídos gravitacionalmente da mesma forma, fica bem mais fácil descrever a queda dos corpos. Uma única lei explica *todas* as quedas. Imagine se cada objeto tivesse sua própria lei de queda! A ciência seria impossível. Muitos cientistas avaliam uma teoria a partir de seu poder explanatório: uma boa teoria é aquela capaz de explicar o maior número possível de fenômenos a partir de um número mínimo de suposições e princípios. O mais por menos. O segredo de uma boa teoria é síntese e abrangência.

O fato de a Natureza obedecer a certas leis permite que a ciência teórica vá além da construção de modelos que se limitem a explicar fenômenos observados. Não só permite como demanda. Que leis são essas que regem a Natureza? A premissa básica é simples: tudo o que ocorre é conseqüência direta ou indireta dessas leis. Em princípio, se conhecêssemos todas elas, poderíamos compreender todos os fenômenos da Natureza, físicos, químicos ou biológicos. Claro, na prática, a coisa é bem mais complicada: como costumo dizer, a Natureza é muito mais esperta do que nós. É impossível, *a priori*, termos certeza de que conseguiremos entender tudo: pode sempre haver algo além do que imaginamos existir. A ênfase deve ser sempre em buscar, e não em chegar ao final. Nos últimos 400 anos, muitas dessas leis foram desvendadas: a lei de conservação de energia, que diz que na Natureza energia pode se transformar, mas não ser criada ou destruída; a lei da entropia, que diz que a desordem sempre cresce em sistemas isolados, que não trocam energia com o exterior; a lei da seleção natural em biologia, que diz que as espécies mais bem adaptadas a seu ambiente são as que têm maior chance de sobreviver e de se reproduzir etc.

Mas qual a definição de "Teoria"? A que mais gosto é a seguinte: uma suposição ou sistema de idéias propostas com a intenção de explicar algo, com base em princípios ou leis que são independentes do que está sendo explicado. Por exemplo, a teoria da evolução de Charles Darwin, que explica a sucessão das espécies de animais e plantas na Terra, é baseada na lei da seleção natural. O ponto interessante aqui é o da intencionalidade do cientista; seja ele ou ela experimental ou teórico, a intenção é explicar da melhor forma possível o funcionamento do mundo natural. No máximo, o que podemos fazer com nossos modelos e teorias é aproximar, de modo imperfeito, os mecanismos do mundo natural.

O dia-a-dia do cientista depende do tipo de ciência que pratica. Existem aqueles que trabalham em indústria e que, portanto, usam sua pesquisa para aprimorar produtos existentes ou para criar novos produtos para o seu empregador. Por exemplo, a indústria farmacêutica emprega biólogos e químicos, enquanto a indústria aeroespacial emprega físicos e engenheiros. A lista é imensa. Essa pesquisa, em geral, se limita a práticas experimentais diversas. O mesmo ocorre com os cientistas da área experimental que trabalham em universidades e centros de pesquisa, se bem que seu foco é diverso: por meio de experimentos, procuram aprofundar nosso conhecimento do mundo natural. Já os teóricos tendem a trabalhar em suas salas, com ou sem computadores, sozinhos ou, mais comumente, em grupos de pesquisa. Discutem-se idéias, equações, programas de computador, gráficos. O objetivo é estabelecer a validade de uma hipótese antes de ela ser testada em laboratório. É uma espécie de controle de qualidade para evitar que os experimentais percam seu tempo com idéias que não têm chance de estar certas. Como isso é feito? Buscando por erros matemáticos na formulação da teoria, por erros de programação, por conceitos aplicados erroneamente ou fora de seu contexto de validade.

Teórica ou experimental, a troca de informações entre cientistas é essencial. Isso se dá por meio de seminários e conferências, em que são apresentados resultados técnicos para o parecer crítico de colegas; em publicações especializadas, lidas apenas por especialistas, que resumem o resultado das pesquisas de um grupo ou indivíduo em artigos técnicos; e, mais recentemente, na internet. Existem portais que arquivam artigos especializados antes de eles serem aceitos e publicados nos jornais. Alguns cientistas chegam até a afirmar que os jornais científicos impressos estão com seus dias contados. Pode mesmo ser verdade. Contanto que os artigos submetidos aos portais passem pelo crivo de qualidade necessário, por meio de resenhas escritas por especialistas da área, não vejo por que não. Basta que fique claro quais artigos já foram resenhados e aceitos e quais foram submetidos em caráter "aberto". Muitas árvores seriam poupadas e o preço da assinatura de jornais, às vezes bem caro, especialmente para países do Terceiro Mundo, diminuiria.

Outra parte da vida de um cientista é o ensino. Para muitos, essa é a única atividade: após se formarem em ciências, licenciatura ou bacharelado, encontram, por vocação ou necessidade, empregos como professores. É impossível exagerar a importância de bons professores na formação de jovens cientistas. Claro, bons professores são importantes em todas as disciplinas. Mas, como estamos falando de ciências, vamos nos restringir à educação científica.

Ensinar ciência é um grande desafio. Para evitar que esta carta vire um tratado sobre pedagogia científica, falarei apenas da educação na graduação e pós-graduação, que é o que você vai enfrentar em breve.

Um dos problemas mais sérios com a educação científica, na universidade ou em níveis anteriores, é que, em geral, ela se restringe às salas de aula: eu me lembro, infelizmente, de estudar física no ensino médio sem jamais ver uma única experiência ou demonstração prática em sala de aula, ou de dar um passeio com o professor para ver a física em ação. Laboratório, então, nem pensar! Não há dúvida de que a física e a química ficam chatas se restritas ao quadro-negro! Elas viram "decoreba", um monte de fórmulas que devem ser aplicadas assim e assado, sem uma motivação contextual. Uma discussão de sua beleza, ou de sua importância histórica e social é ainda mais rara. Na universidade, a coisa melhorou um pouco: as aulas de física eram acompanhadas de laboratório, se bem que raramente um professor fazia uma demonstração em classe. Para ser sincero, não me lembro de nenhuma.

O conselho que considero mais importante para um jovem professor?

"Lembre-se de seus piores professores, por que eram tão ruins, e *não se torne um deles*!"

O segundo conselho mais importante é:

"Lembre-se de seus melhores professores, por que gostava deles, e use-os como inspiração."

Nada como uma aula bem preparada, clara, em que os conceitos são apresentados de forma acessível, os cálculos são feitos passo a passo, em que o professor tenta manter um relacionamento com a turma de modo a perceber quando os alunos estão perdendo o foco. Esse é o dever do professor. Porém, como disse antes, aprender não é uma atividade passiva. O aluno também tem seu papel. É impossível para um professor, por melhor que seja, ensinar ao aluno que não quer aprender. O professor tem de motivar seus alunos, transmitir a paixão pelo que ensina. Mas o aluno tem de corresponder, mostrar ao professor que quer aprender, ser receptivo, interessado, curioso. Alunos que se limitam a sentar na sala de aula como espantalhos, sem dar a mínima para a matéria, ignorando os esforços do professor, não têm o direito de reclamar. *Educação é uma troca.* Deve haver dedicação de ambas as partes, de modo a torná-la bem-sucedida; deve haver uma ressonância entre querer ensinar e querer aprender.

Existe outra dimensão do ensino de ciência, tão ou mais importante do que a que existe nas salas de aula. É a relação individual entre professor e aluno, entre mentor e pupilo. Ela se torna cada vez mais importante à medida que o aluno avança em sua carreira e define melhor suas áreas de interesse. Como contei na carta anterior, meu primeiro mentor, o professor Vaydia, foi fundamental para que eu compreendesse que só seria feliz se fizesse física. Não que ele tenha pegado minha mão ou me dado conselhos de natureza pessoal. O que ele fez foi mostrar seu entusiasmo pela física e, com isso, me entusiasmar também.

Foram muitos meus mentores. Cada um deles teve um papel decisivo e diferente em minha carreira. Se mencionar alguns e não outros, eu os ofenderei injustamente. Mas gostaria de mencionar dois deles, que tive ainda no Brasil. O primeiro foi Francisco Antonio Dória, um físico-matemático que, na época, lecionava no Instituto de Física da UFRJ. Nosso encontro foi inteiramente acidental. Nunca havia feito um curso com ele. Em minha última prova de física básica antes de me transferir para a PUC, o Dória tomou conta da classe. Quando lhe entreguei o exame de Física IV, exclamou: "Marcelo Gleiser? Você é irmão do Luiz?" Pronto. Começamos a conversar, encontramo-nos algumas vezes e, quando soube de meus planos, o Dória me deu um tremendo apoio. Mesmo após minha transferência para a PUC, continuamos em contato. Eu ia até a casa dele em Petrópolis e passávamos horas discutindo física e matemática. Mentores, ao menos os bons, por definição têm de ser generosos e pacientes. Mas a dedicação do Dória a seus alunos é exemplar.

Na PUC, acabei trabalhando com um físico brasileiro legendário, o Jorge André Swieca. Alguns o consideram o maior físico teórico brasileiro do século passado. Eu não gosto muito desses rótulos, e o Swieca certamente gostava menos ainda. Tive a sorte e o azar de conhecê-lo. Sorte, porque me treinou com o rigor das melhores escolas do mundo.

Azar, pelo fato de ter falecido quando estava para começar meu mestrado. Havia decidido mudar-me para São Carlos, para onde o Swieca havia se transferido. Lembro que, em dezembro de 1981, fui visitá-lo para acertar os últimos detalhes. Pareceu-me bem deprimido, especialmente quando fui jantar em sua casa e sua mulher não se sentou à mesa conosco. Lembro-me que a conversa girou em torno de questões do tipo: "Será que os quarks – as partículas que compõem os prótons e os nêutrons – são mesmo a última camada da matéria? Ou será que vamos sempre achar algo menor?" Swieca respondia às minhas perguntas inocentes pacientemente (e ele não era um homem muito paciente), indicando que provavelmente nada existia além dos quarks, que havíamos chegado ao fundo do poço.

Duas semanas após meu retorno, soube por um colega que Swieca havia se suicidado. O fundo do poço não era apenas o das partículas elementares. Fiquei devastado, sentindo-me órfão. Fui ao Dória, que imediatamente me acolheu como aluno de mestrado. Foi com ele e o "Chiquinho" (o físico Antônio Francisco do Amaral) que publiquei meu primeiro artigo.

A relação mentor-pupilo nem sempre é fácil. Existe, mesmo que implicitamente, um diferencial de poder. O pupilo deve escutar mais do que falar. Por outro lado, o bom mentor é o que incita o pupilo a falar e, ainda mais importante, a pensar sozinho. Acho essa relação tão importante que passei três anos de minha vida escrevendo (nas horas "vagas", quando não estava ensinando ou fazendo pesquisa) um romance sobre uma das relações mentor-pupilo mais dramáticas na história da ciência: a de Johannes Kepler – o astrônomo alemão que, no início do século XVII, sugeriu que os planetas giravam em torno do Sol em órbitas elípticas movidos por uma força – e seu professor e mentor Michael Maestlin, um homem que não teve a coragem de assumir as conseqüências de suas próprias convicções. Maestlin acreditava nas idéias de Copérnico de que o Sol – e não a Terra – era o centro do cosmo. Mas, sendo professor numa universidade luterana onde as idéias de Copérnico eram condenadas, permaneceu calado. Às escondidas, ensinava o sistema copernicano a alunos selecionados. No romance *A Harmonia do Mundo*, as discussões entre Kepler e Maestlin sobre o copernicanismo ocorriam semanalmente na casa do mestre. Minha inspiração? As discussões na casa do Dória. Como disse antes, a maravilha da ficção é que o escritor pode criar universos seguindo leis próprias. Dória e Maestlin são dois homens muito diferentes. (E eu e o Kepler, nem se fala...) O que existe de semelhante, como em incontáveis relações entre mentores e pupilos, é a generosidade do mentor para com o pupilo e a admiração deste por seu mestre. Devo acrescentar também que a grande maioria das relações entre mentores e pupilos é bem menos trágica do que a de Maestlin e Kepler ou a de Swieca e seus alunos. Porém todas, trágicas ou não, são decisivas na vida do pupilo.

Voltando, então, ao tema desta carta, a vida de um cientista depende em grande parte do tipo de ciência que pratica. A que conheço melhor é a vida acadêmica, do professor-pesquisador. Poucas carreiras são tão privilegiadas! Como professor, educamos as futuras gerações, transmitindo nossa paixão pelo saber, pela nossa capacidade de fazer perguntas sobre o mundo e de poder responder a tantas delas. Como disse Einstein, "o aspecto mais maravilhoso do Universo é ele ser compreensível". Como pesquisadores, participamos desse processo de descoberta, dessa busca constante pelo saber, pelo conhecimento, tentando expandir cada vez mais os horizontes da humanidade. Gênios como Kepler, Newton ou Einstein são raros. Mas não é por isso que fazemos ciência, por nos acharmos "gênios". Fazemos para nos aproximar da Natureza, para tentar, mesmo que imperfeitamente, desvendar alguns dos segredos do cosmo em que vivemos. Fazemos ciência porque sabemos que, a cada descoberta, compreendemos um pouco melhor quem somos e por que estamos aqui.

3. DESAFIOS

Caro Marcelo

Você me perguntou sobre sua carreira, se tudo vai dar certo no futuro. Entendo sua apreensão. Todos a quem você conta seus planos afirmam com convicção que ser cientista no Brasil é loucura, que não existem empregos, que professores são mal pagos. Você fica confuso, não sabe o que responder, pois ainda não entrou para a universidade e não conhece sequer um cientista vivo, só por intermédio de livros: ou os que eles mesmos escreveram ou os que foram escritos sobre eles.

Antes de mais nada, relaxe. Sem conhecer cientistas, é impossível saber o que é fazer ciência e como conseguir emprego. Portanto, começo com dois pontos: primeiro, as pessoas que dizem ser loucura fazer ciência no Brasil, com raríssimas exceções, não conhecem sequer um cientista.

Falam sem saber, sem ter o menor contato com a ciência brasileira. Como disse na carta anterior, existem várias opções profissionais para cientistas. A carreira acadêmica, ou seja, ser professor e/ou pesquisador numa universidade, é apenas uma delas. Existem outros níveis de ensino e várias possibilidades na indústria privada e estatal. Segundo, o melhor modo de responder a essa pergunta é mostrando-se curioso e procurando cientistas, visitando universidades e centros de pesquisa, tentando encontrar alguém que lhe dê alguns minutos de atenção para conversar sobre o assunto. Melhor ainda: faça sua escola convidar algum cientista para dar uma palestra, explicar como é a vida dele ou dela. Isso não é impossível! Entendo que, em sua época, em torno de 1977, talvez fosse mais complicado. Mas hoje, com e-mail e internet, basta entrar no portal de uma universidade local, procurar pelo departamento de física, química, biologia ou o que quer que seja, achar os e-mails do corpo docente e enviar o convite. Garanto que alguns irão concordar em visitar e fazer uma apresentação sobre suas carreiras.

É claro que o fato de existirem empregos para cientistas não significa que seja fácil consegui-los. A competição é grande e os empregos não são tantos. Mas a verdade é que isso também ocorre em muitas profissões. Diria que na maioria delas. Quantos amigos médicos, dentistas, advogados e jornalistas suam para conseguir alguma coisa? E, quando conseguem, recebem bem menos do que esperavam quando começaram a universidade? O mercado de trabalho é, por definição, competitivo. O fator mais importante para o seu futuro profissional não é o mercado de trabalho. É você.

O sucesso é, em grande parte, conseqüência da determinação em obtê-lo. Ele só vem quando se quer tê-lo. Mas querer ter sucesso não é suficiente. Afinal, todo mundo quer se dar bem! Para alcançar sucesso, é necessário DEDICAÇÃO. MUITA DEDICAÇÃO.

Eis uma história que meu pai me contava quando era criança que ilustra isso claramente.

"Um dia, duas rãzinhas muito travessas caíram num balde cheio de leite. Assim que caíram, começaram a bater as perninhas tentando escapar. Por mais que batessem, não conseguiam pular para fora do balde. Uma das rãzinhas, cansada, desistiu e se afogou. A outra, teimosa e corajosa, continuou a bater as perninhas sem parar. Tchak, tchak, tchak... tanto bateu as perninhas que o leite acabou virando manteiga. A rãzinha pulou então para fora do balde, triste por ter perdido a companheira, mas feliz por ter escapado com vida."

Moral da história: acho que nem precisa explicar.

Se existe uma regra para se ter sucesso em ciência (diria que em qualquer profissão), é que a autodisciplina é fundamental. É necessário ter muita paciência, estudar muito, muito mesmo, fazer todas as listas de exercícios – mesmo os das matérias que você considera chatas, discutir as dúvidas com colegas e professores, não deixar a matéria acumular e, se sobrar tempo, ir além do que é ensinado na sala de aula, fuçar a biblioteca à procura de livros interessantes. Para mim, ciência é mais do que uma mera profissão, um ganha-pão; é uma opção de vida, um compromisso que vai além da rotina do dia-a-dia. O que vai fazer diferença em sua vida é ter essa escolha bem clara, é saber que você optou por ciência porque nada é mais importante. Nenhuma outra opção profissional faria mais sentido. Da mesma forma que poetas e pintores *têm* de escrever e pintar, cientistas *têm* de pesquisar a Natureza, aprofundar-se em seus mistérios, tentar desvendá-los. E, da mesma forma que poetas e pintores precisam aprender técnicas para executar suas obras, para dar vida às suas criações, os cientistas têm de ser treinados para executar as deles. Por isso é tão importante estudar, praticar no laboratório, discutir com os colegas, ler artigos e livros, e, no caso das ciências físicas, desenvolver certa intimidade com os números e a matemática.

Ao final da vida, Einstein costumava ajudar uma menina que morava perto de sua casa com o dever de matemática. Certa vez, quando a menina sentiu-se desencorajada, Einstein lhe disse: "Não se preocupe com suas dificuldades em matemática. Posso lhe assegurar que as minhas são ainda maiores." O grande Einstein confessando que a matemática às vezes o aturdia! E é verdade; quando lutava para desenvolver a teoria da relatividade geral, entre 1907 e 1915, Einstein precisou da ajuda do amigo Marcel Grossmann, um mestre da geometria diferencial. Como você sabe, esse é o ramo da matemática necessário para mostrar que a gravidade pode ser entendida como resultado da curvatura do espaço em torno de um objeto com massa. A humildade de Einstein é exemplar. Muitas vezes, em minha pesquisa, não consigo expressar uma idéia de modo claro porque não sei como fazê-lo matematicamente. Eu a vejo ali, num canto da minha mente, sinto que está certa, mas empaco na hora de expressá-la em termos de equações. É nessa hora que é bom termos um colega como o Marcel Grossmann!

As dificuldades com a matemática assustam muitos estudantes, especialmente de física, astronomia e química. Muita gente sente atração pelos conceitos físicos, acha tudo muito lindo e interessante, até chegar a hora de representá-los por meio de equações. Quando isso ocorre, existem duas opções. Uma é desistir de ser cientista e tornar-se um apreciador da ciência. Nada de errado nisso; muito pelo contrário. Do mesmo modo que não precisamos ser músicos para apreciar a música, não precisamos ser cientistas para apreciar a ciência. Muito do que é descoberto em ciência pode ser apreciado por meio de livros e artigos escritos para o público não-especializado, em palestras, ou em documentários de televisão e cinema. Mesmo que o conhecimento adquirido dessa forma seja limitado, isso não é necessariamente um problema. Podemos nos emocionar com uma sinfonia de Beethoven sem sermos capazes de ler sua partitura ou de analisar suas técnicas de composição. Podemos apreciar a beleza de um quadro de Picasso ou Matisse sem sabermos como foi pintado. Da mesma forma, podemos nos emocionar com as revelações da ciência moderna, compreender seu impacto – nem sempre positivo – na sociedade e no mundo, sem sabermos reproduzir os detalhes técnicos por trás delas.

Porém, se você pretende ser cientista, em particular físico, astrônomo ou químico, não há outra opção: é necessário aprender matemática. Para muitos, isso se torna uma barreira intransponível: "Não adianta, matemática não é para mim!" Quando isso ocorrer, lembre-se da história da rãzinha e da afirmação do Einstein. Em seu caso mesmo, Marcelo, lembre-se de suas dificuldades com a matemática na escola, como lhe era difícil, nas quarta, quinta e sexta séries aprender as manipulações com os números, os princípios da álgebra, resolver equações. (Ah, mas a geometria sempre foi muito mais fácil...) Apenas no científico você começou a entender de fato a matemática, após muito suor. O que não vinha fácil você compensava com estudo e dedicação. Pois bem, digo-lhe de antemão que isso vai continuar a ocorrer durante a graduação e a pós-graduação: você vai trabalhar muito para entender toda a matemática necessária. Mas vai chegar uma hora em que as coisas vão começar a fazer sentido e a matemática vai se transformar numa espécie de jogo, numa seqüência de regras a serem seguidas. Calcular passará a ser quase como dirigir: tudo parece ocorrer automaticamente, como se um piloto invisível operasse a caneta. E a beleza das equações, seu poder de síntese, de representação dos fenômenos naturais num pedaço de papel, passa a ser uma obsessão, uma amante que quer sempre mais atenção, prometendo mundos extraordinários, revelações inesperadas a cada nova página. Temos de ir adiante; calcular torna-se inevitável. O mundo em torno de nós deixa de existir, nada mais importa. Nesses momentos, a matemática nos leva a um estado semelhante a um transe, em que o foco é total.

Na maioria das vezes, o trabalho é inútil: após páginas e mais páginas de cálculos, nada de interessante ocorre. Como disse o grande físico Richard Feynman, passamos os dias a encher latas de lixo com idéias erradas. Mas às vezes acertamos, e descobrimos algo de novo, de extraordinário. Nessas raras ocasiões, os cálculos correm soltos, as simplificações funcionam, os limites existem e o resultado, cristalino, surge, sólido e revelador. Nesse momento, o cientista é invadido por uma sensação inexplicável, que só pode ser definida como algo profundamente espiritual. Por alguns instantes, sua mente entra em ressonância com uma verdade que transcende os limites impostos pela rotina do dia-a-dia, que transcende o tempo, que existe e vai existir para sempre. A metáfora que me vem em mente é a de uma biblioteca infinita, como a Biblioteca de Babel do conto de Jorge Luis Borges, uma espécie de repositório que contém todo o conhecimento. Nesses raros momentos de descoberta, o cientista vislumbra, mesmo que efemeramente, uma ínfima parte dessa sabedoria universal. É esse o objetivo da busca: provar da droga da descoberta, o elixir da imortalidade que todo cientista e artista procura.

Nem tudo, claro, é poesia. Tal qual ocorre com os sábios ascéticos, que sofrem depravações físicas e mentais terríveis em busca de raros momentos de luz, o caminho é incerto. (Bem, talvez não tão incerto quanto o dos ascetas.) Passamos a maior parte do tempo às escuras, tateando aqui e ali, procurando a porta certa. E, quando finalmente a encontramos, ou achamos que a encontramos, vem a segunda parte do processo, que é dividir nosso novo conhecimento com os colegas. "Dividir" talvez seja um eufemismo. O que fazemos é submeter nossos resultados à opinião crítica de outros cientistas. Em ciência, não há lugar para eremitas. A experiência de expor nossas idéias à comunidade científica, embora seja parte crucial da pesquisa, pode revelar-se muito difícil. Afinal, nossas idéias ou cálculos podem estar errados. E, se estiverem, é uma questão de tempo até que o erro seja exposto.

Lembro-me de um seminário que dei durante meu doutorado em Londres, em que apresentava o resultado de uns cálculos que fiz, relacionados com a cosmologia de universos com mais de quatro dimensões (uma temporal e as outras espaciais). A questão a que tentava responder era simples: se teorias prevêem que nosso Universo tenha mais do que três dimensões espaciais (norte-sul, leste-oeste, acima-abaixo), onde foram parar as dimensões extras? Minha idéia era que elas nunca cresceram como as outras, permanecendo muito pequenas – submicroscópicas – desde o Big Bang. Nesse caso, mesmo que existam, seria impossível percebê-las. No meio de minha exposição, outro estudante, da Nova Zelândia, exclamou: "Marcelo, essa integral que você calculou está errada. E, com ela, suas conclusões estão todas erradas também." Minhas pernas tremeram. Lá estava eu, em frente a meu orientador e mais uns dez alunos de doutorado, com o giz na mão, paralisado. Uma humilhação. E o pior é que você não pode perder a linha. Tem de responder à crítica e tentar concluir a exposição. Em geral, a melhor saída é: "Talvez o colega esteja certo, mas agora não é hora de vermos isso em detalhes. Após o seminário conversaremos, OK?" O "OK" tem de soar bem ameaçador. Senão, outros se animam com a oportunidade e pegam carona, tentando intensificar a humilhação. Tudo, claro, em prol da verdade...

Dito e feito, o cara tinha razão. Matemática não mente. Apesar do preço emocional, aprendi muito com a experiência. Não só aprendi a reagir em público para não ser esfolado vivo por um bando de víboras, mas também que essas víboras são necessárias para o progresso da ciência. Você pode ser o porta-voz de um resultado novo. Porém, lembre-se de que a correção sugerida por um colega não é necessariamente um ato agressivo contra você (às vezes é, depende da audiência...). A ciência caminha aos trancos e barrancos. Cientistas precisam ser céticos para evitar que erros ocorram. Apesar de o processo não ser infalível, ele funciona: se existir algum erro, mais cedo ou mais tarde ele será descoberto.

Isso é muito difícil na carreira de uma cientista. Todo mundo entende que o ceticismo é necessário e que só assim os erros são evitados. Mas cientistas são seres humanos e, portanto, exibem tanto o que há de bom como de ruim nas pessoas. Já falei da arrogância. Freqüentemente, ela emerge acoplada ao ceticismo, no modo como perguntas ou afirmações são feitas durante um seminário. Certa vez, uma aluna de doutorado de Dartmouth afirmou que não ia aos colóquios semanais do departamento porque não suportava o clima agressivo entre os cientistas.[1] A pobre coitada nunca deve ter ido a um seminário num lugar realmente difícil, como o MIT (Massachusetts Institute of

---

[1] Você não sabe ainda a diferença entre seminário e colóquio, certo? Seminário é uma apresentação destinada aos colegas da mesma área e, portanto, de natureza mais técnica. Já o colóquio é uma apresentação mais geral, destinada a todos os membros de um departamento: professores, pesquisadores e alunos de pós-graduação.

Technology) ou as universidades de Harvard ou Chicago. Embora entenda em parte a atitude dela, pois já passei por momentos difíceis em minha carreira, tenho de discordar. Deixar de ir a um colóquio por causa do clima agressivo (que, na verdade, é bem ameno em Dartmouth) significa deixar de participar do processo por meio do qual a ciência é criada. Essa "agressividade", apesar de não ser necessária, é inevitável, produto do acoplamento da arrogância com o ceticismo. Sei que é desagradável, mas ela existe em qualquer atividade em que novos conhecimentos são gerados. Basta ver críticos literários destruindo obras de autores, novos ou consagrados, ou críticos de arte arrasando o trabalho de pintores e escultores, para entender que a crítica é um aspecto inseparável de qualquer atividade criativa. O importante é aprender a se proteger emocionalmente contra a agressão, separando a essência da mensagem – que pode ser (e, com freqüência, é) muito útil (vide a correção de meus cálculos) – do modo como ela é apresentada. Deixe as feras rugirem à vontade e tente concentrar-se no conteúdo de seus rugidos.

Antes de você achar que todos os cientistas são uns chatos, arrogantes e metidos, devo dizer que minha experiência é exatamente oposta. Durante meus quase trinta anos de carreira, encontrei pessoas maravilhosas, criativas, sofisticadas intelectualmente, sensíveis e amigas. Existe uma camaradagem que vem do espírito de grupo, de compartilhar dos mesmos interesses, da mesma curiosidade sobre a Natureza. E a beleza disso é que essa confraternização é global: a ciência não é, ao menos em princípio, demarcada por fronteiras geográficas. Cursos de pós-graduação reúnem estudantes do mundo inteiro, China, Índia, Brasil, República Tcheca, Israel, Irã etc. E as conferências, então, nem se fala. Nas maiores, sinto-me numa assembléia da ONU, com pessoas do mundo inteiro debatendo as mesmas idéias, tentando encontrar soluções para os mesmos problemas, colaborando com parceiros dos quatro cantos do globo. Graças à ciência, pude estudar na Europa e viajar por boa parte do mundo. Fiz amigos na Rússia, Itália, França, Japão, Argentina, México, Austrália... a lista é grande. E veja que, nesse campo, não sou a exceção, mas a regra: pesquisadores de todas as áreas da ciência recebem recursos para divulgar seus resultados e manter-se atualizados. Isso é verdade no Brasil e em todos os países em que a pesquisa científica é levada a sério.

Portanto, não veja a carreira de cientista apenas como uma sucessão de desafios e privações. Desafios e privações fazem parte de qualquer pró-cura, de qualquer busca. Aprecie os resultados desses desafios, o êxtase da descoberta, o prazer de ensinar, as amizades que fará ao longo da vida, as viagens pelo Brasil e pelo mundo, enfim, veja a carreira à sua frente como uma oportunidade única de crescimento e de realização pessoal. O que é fácil não tem valor algum, pois não nos ajuda a crescer.

4. CONTOS DE HEROÍSMO

Caro Marcelo

Em sua última carta, você afirma que essa história de arrogância entre cientistas não é novidade, que sempre foi assim, vide os exemplos dos "patriarcas", Galileu, Newton, Kepler, Darwin, Einstein e tantos outros, todos pessoas difíceis. É verdade, concordo que, de fato, alguns de nossos heróis tenham sido pessoas complicadas. Mas será que não é assim em outras atividades humanas? Afinal, ser um grande herói não é nada fácil. Ir contra tudo e todos, acreditar sozinho em suas idéias mesmo quando terrivelmente criticado por aqueles que são, supostamente, a autoridade no assunto, encontrar forças para persistir... Sem pretender traçar aqui a psicologia de alguns dos principais heróis da ciência, acho que seria oportuno rever algumas dessas histórias, contextualizar suas descobertas. Talvez assim fique mais claro por que agiram como agiram. Temos muito o que aprender com os grandes cientistas, com suas vidas e desafios. Quem acha que não existe drama em ciência está muito enganado!

Além disso, de certa forma, todo cientista é um herói. Não digo isso levianamente, ou porque tenho uma visão excessivamente romântica da ciência. Alguns traços de personalidade que vemos nos grandes heróis da ciência estão presentes, em maior ou menor grau, em todos os cientistas. Por isso usei a palavra "patriarca" quando me referi aos grandes cientistas do passado. Somos todos herdeiros deles, de suas idéias, das revoluções que causaram, que tanto definem nossa visão de mundo. Dividimos com eles a coragem de arriscar e de propor o novo, as dificuldades de enfrentar o ceticismo dos colegas e o dever de sermos céticos quando necessário, o desejo de fazer ciência e de ensiná-la aos jovens. Dividimos com eles a esperança de que nosso trabalho – em pesquisa, em educação ou em ambas as esferas – possa melhorar a qualidade de vida das pessoas e aliviar o sofrimento humano.

Mesmo que tenha muita admiração pelos gregos, começo nossa história com Nicolau Copérnico, o polonês que, na primeira metade do século XVI, pôs o Sol no centro do cosmo. A idéia não foi apenas dele. Já na Grécia Antiga, em torno de 300 a.C., Aristarco de Samos propôs essencialmente a mesma coisa. Mas a astronomia da época era tão dominada pelas idéias de Aristóteles, especialmente a de que a Terra era o centro imóvel do cosmo, que pouca gente deu bola para Aristarco. Bem, deve-se dizer também que pouca gente deu bola para as idéias de Copérnico. Ou, mais corretamente, que os que deram permaneceram em silêncio durante décadas.

Copérnico publicou seu livro em 1543, o ano de sua morte. A história é bem trágica: doente, deixou o manuscrito aos cuidados de seu único pupilo, Georg Rheticus, que o levaria a Nuremberg para ser publicado. Ocorre que Rheticus teve de escapar de Nuremberg às pressas; rumores de sua homossexualidade forçaram-no a deixar seu cargo e buscar asilo em Leipzig. Rheticus, então, deixou o manuscrito nas mãos de Andreas Osiander, um teólogo luterano que havia criticado abertamente as idéias de Copérnico. Não me lembro se você sabe disso, mas, na época, os luteranos – e não os católicos – eram os anticopernicanos mais ferozes: achavam que pôr o Sol no centro do cosmo era uma forma de paganismo. Sem dizer nada a Copérnico, Osiander adicionou um prefácio ao livro, em que afirmava que seu conteúdo não deveria ser levado a sério e que pôr o Sol no centro era apenas um truque matemático que nada tinha a ver com a disposição dos astros no cosmo.

Copérnico só viu o livro pronto no dia em que morreu. Talvez fosse melhor se não o houvesse visto. Paralisado após sofrer um derrame em dezembro de 1542, não pôde fazer nada contra tamanha injustiça. Após sua morte, um amigo de Copérnico (aparentemente seu único amigo), Tiedemann Giese, tentou, sem sucesso, remover o prefácio, recorrendo a tribunais e a juízes. Durante décadas, o mundo inteiro achou que o prefácio havia sido escrito por Copérnico. Apenas em 1596, 53 anos após a sua morte, é que Johannes Kepler iria desmascarar a farsa de Osiander.

O que podemos aprender com essa história? Em primeiro lugar, que se temos uma idéia na qual acreditamos, devemos revelá-la à comunidade científica assim que estejamos prontos a fazê-lo. Copérnico esperou demais para escrever seu livro. E só o fez após a insistência de Rheticus e Giese. Ninguém sabe por que demorou tanto. Aparentemente, suas idéias já haviam se cristalizado em torno de 1514. Talvez não acreditasse nelas a ponto de querer expô-las a todos? Tinha medo das críticas, de ser ridicularizado? Copérnico era católico e não luterano. Não devia temer muito a Igreja, já que dedicou seu livro ao papa Paulo III. Até hoje, a demora permanece envolta em mistério.

Em minha opinião, Copérnico, por ser um perfeccionista influenciado pelo classicismo da Renascença, sabia que seu modelo estava incompleto. Faltava-lhe a física do modelo geocêntrico de Aristóteles, que punha ordem nas coisas. Sua astronomia heliocêntrica virava tudo pelo avesso, desorganizava o cosmo sem oferecer uma alternativa. Em seu livro, falava de conceitos pitagóricos como "harmonia" e "comensurabilidade", ou seja, que pôr o Sol no centro organizava o cosmo de modo mais harmônico, dado que os planetas são organizados de acordo com o tempo que levam para girar em torno do Sol: Mercúrio, com três meses, o primeiro, e Saturno, com 29 anos, o último. (Na época, só se conheciam os planetas visíveis a olho nu.) Mas parava aqui, sem oferecer uma explicação mais profunda para a nova ordem cósmica. Copérnico sabia que não tinha como defender suas idéias contra os inevitáveis ataques dos aristotélicos, que controlavam o clero e as universidades. Não queria ser herói. Ou talvez não se achasse capaz de sê-lo. Vamos supor que seja isso. Nesse caso, aprendemos a segunda lição: é impossível construir um sistema absolutamente à prova de críticas, que explique tudo. Se for essa sua intenção, você vai morrer sem fazê-lo. A ciência anda a passos relativamente curtos e nem sempre com direção certa. Mais importante do que tentar construir o edifício sozinho é saber onde pôr as primeiras pedras. Isso, mesmo contra a sua vontade, Copérnico fez.

Heróis mesmo, para mim, foram Kepler e Galileu. Eles, sim, foram os verdadeiros copernicanos, os que lutaram, com a espada na mão, pela revolução. É difícil para nós, vivendo no século XX (Ôpa, você vive no século XX; eu, no XXI! Depois conto a você o que mudou de lá para cá), entender o que significa tirar a Terra do centro do cosmo. É uma mudança radical de visão de mundo, exasperadora. Por que exasperadora? Porque tudo antes fazia sentido, tudo era simples com a Terra imóvel no centro. Afinal, ninguém sente a rotação da Terra. O que parece rodar são os astros celestes à nossa volta. Se o Sol é o centro do cosmo e a Terra gira à sua volta e em torno de si mesma, por que não sentimos nada?

E a religião, como é que fica? A Igreja havia abraçado a idéia de que a Terra é o centro de tudo. Era um casamento (quase) perfeito entre a teologia cristã e a física aristotélica. Segundo a Igreja, nada é mais importante do que a purificação da alma: o objetivo das pessoas é ascender ao firmamento após a morte e coexistir, para sempre, com Deus e os anjos no Paraíso. A Terra era o lugar onde as transformações da matéria eram possíveis, transformações que inevitavelmente levavam à decadência e à corrupção. No centro disso tudo ficava o Inferno, plantado no coração da Terra. Quanto mais longe da Terra, maior a perfeição; os planetas e as estrelas eram imutáveis, eternos. Existia uma hierarquia, uma ordem vertical, da decadência na Terra à perfeição nos céus. Tirar a Terra do centro desorganizava tudo, desorientava as pessoas.

Em 1596, Kepler, então com 25 anos, publicou *O Mistério Cosmográfico*, a primeira defesa séria das idéias de Copérnico. Justiça seja feita, o monge italiano Giordano Bruno também pregava idéias copernicanas na mesma época, se bem que motivado mais por teologia do que por ciência. Bruno acabou queimado vivo em 1600, como herege. Nas considerações do Tribunal da Inquisição, seu copernicanismo pesou menos do que seu arrojado questionamento da teologia cristã: Bruno duvidava de dogmas como a virgindade de Maria e a Santíssima Trindade.

Kepler tentou suprir a física que faltava no esquema de Copérnico. Foi o primeiro a sugerir que os planetas giram em torno do Sol devido a uma força que este astro exerce sobre eles. Com isso, Kepler propôs, pela primeira vez na historia da ciência, uma aliança entre a física e a astronomia. Ninguém havia pensado em fazer isso em mais de 2.500 anos! O curioso é que Kepler foi motivado por sua fé, que misturava um cristianismo próprio às idéias do filósofo grego Pitágoras. Kepler acreditava piamente na existência de Deus e que o cosmo era Sua criação. Para ele, Deus era o geômetra perfeito. Dessa forma, o cosmo deveria refletir, em sua estrutura e funcionamento, a ordem geométrica imposta pela mente de Deus. Portanto, a matemática era a língua com que os homens interpretavam a Criação: deveriam existir leis matemáticas capazes de descrever os movimentos dos planetas. Fiquei tão empolgado com Kepler, com sua coragem intelectual e fidelidade aos ideais da ciência, com sua determinação frente a tragédias pessoais absolutamente terríveis que, em 2006, publiquei um romance sobre sua vida, *A Harmonia do Mundo*. Quem diria, hein? Você um dia vai escrever ficção... A pró-cura, às vezes, toma rumos totalmente inesperados.

Continuando nossa história, muito abreviadamente, em 1609, Kepler publicou seu livro *Astronomia Nova*. O título já diz tudo: usando os dados do eminente astrônomo dinamarquês Tycho Brahe, Kepler demonstrou que as órbitas planetárias são elípticas e não circulares, como se acreditava por mais de dois mil anos. A partir de Kepler, a astronomia toma outro rumo, definido pela precisão das medidas e pela busca por leis matemáticas capazes de descrever os fenômenos celestes.

O próximo grande passo foi dado por Galileu. Em 1609, recebeu um telescópio de presente, invenção recente de um holandês, e aperfeiçoou o instrumento, aumentando seu poder de amplificação. De telescópio em punho, Galileu teve uma idéia genial: apontou o instrumento para o céu e viu o que nenhum olho humano podia ver, mudando para sempre a história. A Via Láctea, que aparenta ser uma nuvem leitosa no céu, é, na verdade, um aglomerado de incontáveis estrelas; o Sol tem manchas; a Lua, crateras e montanhas; viu que ao menos quatro luas (hoje sabemos que são dezenas delas) giram ao redor de Júpiter; viu que Saturno tem "orelhas", e assim por diante. Suas observações o levaram a concluir que Copérnico tinha mesmo razão, ou seja, que o Sol era o centro do cosmo. Chegou a se comunicar com Kepler, mas não com boas intenções; Galileu era um gênio, mas um gênio bem interesseiro, que se julgava o maior cientista (ou melhor, filósofo natural – a palavra cientista só vai aparecer no século XIX) da Europa. Kepler, para ele, era uma pessoa útil, mas uma competição desagradável. De qualquer forma, Galileu tinha tanta convicção em seus achados que resolveu convencer a Igreja de que o Sol era mesmo o centro do cosmo. Foi aí que seus problemas começaram.

Por mais brilhante e respeitado que fosse, era muita presunção de Galileu achar que, numa época em que a autoridade da igreja católica estava sendo ameaçada pelos credos protestantes, conseguiria convencer os teólogos do

Vaticano de que sua interpretação da Bíblia estava equivocada. Em 1616, a Inquisição alertou Galileu, ordenando que abandonasse suas idéias copernicanas. Galileu passou anos calado, até que, em 1623, seu amigo, o cardeal Maffeo Barberini, foi eleito papa Urbano VIII. Sem perder tempo, Galileu convenceu Urbano VIII a lhe dar permissão para escrever um livro comparando os dois sistemas de mundo, o geocêntrico e o heliocêntrico. Urbano exigiu, no entanto, que Galileu concedesse a última palavra à Igreja, e não a Copérnico. Galileu concordou, mas, claro, não fez nada disso. O livro mostrou-se uma afronta à autoridade eclesiástica. O papa ficou furioso. Em 1633, Galileu foi condenado pela Inquisição e forçado a abjurar definitivamente toda e qualquer defesa das idéias copernicanas e a passar o resto de seus dias (ele tinha quase 70 anos) em prisão domiciliar. Galileu cumpriu a sentença, mas não deixou de lado sua paixão pela ciência. Trabalhando até sua morte, em 1642, produziu uma grande obra (*Duas Novas Ciências*) que iria revolucionar o estudo da mecânica.

A história de Galileu é fascinante. Mesmo que tenha sido uma pessoa extremamente arrogante, um desses colegas com quem não gostaria de discordar, Galileu é outro grande exemplo de coragem intelectual. Enfrentar a Igreja sozinho, numa época em que as pessoas eram queimadas vivas todas as semanas, não é pouca coisa. De onde vinha sua força, a convicção que tinha em suas idéias? Aqui entra sua incrível modernidade: Galileu foi o primeiro físico experimental. Sua certeza vinha da confiança que tinha em seus resultados e medidas. Quando afirmou que todos os corpos caem com a mesma aceleração, não o fez baseado em dogmas ou visões autoritárias. Afirmou isso após estudar meticulosamente a queda dos corpos, medindo seu tempo de queda de várias formas, certificando-se de que estava certo. Assim nascia o método científico como o conhecemos hoje: hipóteses científicas devem ser confirmadas por meio de experimentos passíveis de repetição. Ou, quando isso não é possível, como no caso de explosões de supernova e outros fenômenos astronômicos que não se repetem, os dados devem ser acessíveis a toda comunidade científica, para que possam ser estudados em detalhe.

Após Galileu, o próximo grande nome é Isaac Newton. Todo estudante de física, química e astronomia, ou mesmo no ensino médio, aprende as famosas três leis de Newton, que descrevem o movimento dos corpos quando sujeitos (ou não) à ação de forças. Outra grande contribuição dele é a lei da gravitação universal, que descreve quantitativamente como dois corpos com massa são atraídos mutuamente por uma força que cai com o quadrado da distância entre eles. Mas você já sabe bem disso. Esta carta não é uma aula de física. Meu interesse aqui é contar um pouco da vida de Newton, considerado por muitos o maior cientista da história. Apesar de não ser um grande fã de atributos do tipo "maior de todos", "o grande gênio" etc., Newton realmente desequilibra.

Newton foi um pensador solitário. Aliás, todos os heróis que mencionei até agora, Copérnico, Kepler, Galileu, produziram a maior parte de seu trabalho sozinhos. Na época, eram raras as colaborações diretas entre cientistas. Cartas eram trocadas, idéias costumavam ser debatidas, mas o trabalho era feito solitariamente – as obras tinham apenas um nome no título. Como as coisas mudaram! Hoje em dia, é raro um trabalho científico ter apenas um autor. A pesquisa científica é, em grande parte, uma atividade de grupo. Alguns experimentos em física de partículas envolvem mais de mil cientistas!

Mas voltemos ao século XVII, mais precisamente a Cambridge, Inglaterra, onde estudava o jovem Newton. A física, na época, estava confusa. De um lado, Galileu havia demonstrado como a gravidade age igualmente sobre todos os corpos em queda livre aqui, perto da Terra. De outro, Kepler havia obtido as leis que descrevem as órbitas planetárias. É curioso que Galileu jamais se tenha interessado pelo trabalho de Kepler, morrendo sem acreditar nas órbitas elípticas. Kepler, por sua vez, queria apenas entender os céus e pouco se importava com a física terrestre. As duas físicas, a terrestre e a celeste, pareciam ser coisas completamente separadas, uma herança da distinção criada por Aristóteles, que dizia que leis diferentes regiam o comportamento dos corpos na Terra e nos céus. Portanto, mesmo após Kepler e Galileu, o aristotelianismo persistia na ciência!

Newton foi o grande unificador. Ele mostrou que as duas físicas são, na verdade, uma só, que as mesmas leis (suas leis do movimento e da gravitação universal) regem o comportamento dos corpos na Terra e nos céus. Como costumo dizer, após Newton, o lema da física passou a ser: "Assim na Terra como no céu." Ele demonstrou o enorme poder de síntese da ciência, provando que fenômenos que aparentam ser distintos – por exemplo, a órbita da Lua em torno da Terra e a queda de uma maçã – são explicáveis por meio das mesmas leis e conceitos. A Natureza deixou de ser um mistério controlado exclusivamente por ações sobrenaturais, tornando-se um desafio intelectual. A matemática, como havia proposto Galileu e, muito antes dele, os pitagóricos, era o dialeto comum entre o cosmo e os homens. Os filósofos naturais passaram a ser os tradutores desse diálogo para o resto da sociedade: os primeiros cientistas eram os profetas da razão.

Não que essa transição do mágico ao racional tivesse sido imediata. Muito pelo contrário. O próprio Newton via a presença de Deus no cosmo como conseqüência inevitável de sua física. Caso contrário, quem preveniria que os planetas, cujas órbitas em torno do Sol sofrem perturbações devido à sua atração mútua, especialmente os gigantes Júpiter e Saturno, caíssem uns nos outros, causando o fim do sistema solar?

Newton tentou, no início de sua carreira, debater suas idéias com outros filósofos naturais. Em torno de 1668, com apenas 26 anos, havia inventado um novo tipo de telescópio chamado *refletor*, bem mais eficiente do que os telescópios de então, que, usando duas lentes, sofriam distorções de imagens. O nome vem de um espelho côncavo que foca a luz vinda de objetos distantes, refletindo-a na direção de outro espelho e, deste, em direção à lente ocular. A invenção fez tremendo sucesso, tirando Newton do anonimato. Ele foi eleito membro da Royal Society, a prestigiosa instituição que reunia as maiores cabeças pensantes da Inglaterra. Empolgado, Newton divulgou aos colegas seus resultados sobre a luz. Usando prismas, demonstrou que a luz vinda do Sol era, na verdade, uma superposição do contínuo de cores que vemos no arco-íris, do vermelho ao violeta.

Foi então que o jovem cientista começou a enfrentar outros egos poderosos da ciência. Em particular, o famoso Robert Hooke – curador dos instrumentos científicos e experimentos da Royal Society – também tinha uma teoria sobre a luz, bem diferente da de Newton. Poderoso, Hooke criticou-o severamente perante outros membros da Royal Society. Newton, um recluso que não tinha muita destreza social, desenvolveu tal aversão às críticas de colegas que se trancou em Cambridge durante os vinte anos seguintes, deixando que outros defendessem suas idéias. Vemos aqui uma reação errada ao problema da arrogância em ciência, de como lidar com críticas de colegas. É inevitável que egos entrem em confronto no debate de idéias científicas. Nem sempre a verdade é a única coisa que está em jogo. Afinal, o investimento é enorme, tanto intelectual quanto emocional. Ver outro cientista criticar suas idéias, acusando-as de estarem erradas, é um forte golpe na auto-estima de qualquer um. Mesmo que o outro cientista esteja equivocado, ou movido por motivos pouco científicos, isso nem sempre é claro na hora do confronto. Hooke estava errado, como ficou demonstrado mais tarde. Mas o trauma sofrido por Newton foi tão grande que ele só publicou seu tratado sobre óptica após a morte de Hooke, em 1703.

O que devemos fazer quando confrontados dessa forma? Devemos ouvir. Ao menos essa é minha posição. Afinal, existe sempre a possibilidade de estarmos mesmo errados. Porém, se for óbvio que é o colega que está errado, devemos reagir. Não aos gritos, mas mantendo a calma, tentando controlar as emoções. Se o colega insistir no ataque e no erro, o melhor, como sugeri antes, é defletir a discussão para depois da apresentação. Virar as costas e ir embora, evitando futuros confrontos como fez Newton, não é uma solução aceitável. Dar uma surra no colega, embora às vezes uma opção tentadora, não é recomendável.

Para você não dizer que todos os meus heróis são físicos ou astrônomos, menciono a história de Lavoisier, cujos experimentos precisos revolucionaram a química. Entre muitas outras coisas, Lavoisier demonstrou que a combustão ocorre devido a reações entre o material combustível e o oxigênio. Ou seja, na ausência de oxigênio, as coisas não entram em combustão. Você sabe bem disso, porque me lembro como gostava de cobrir velas acesas com copos, limitando a quantidade de ar disponível, até que, uma vez consumido todo o oxigênio, elas se apagassem.

Lavoisier inaugurou a era da precisão nos experimentos químicos, enunciando, em 1789, o mesmo ano da Revolução Francesa que iria custar-lhe a vida, uma das leis mais importantes da ciência, a lei de conservação da massa: em experimentos envolvendo transformações entre materiais, a massa total é conservada. Coloquialmente, a lei é enunciada, menos precisamente, como "na Natureza nada se cria; tudo se transforma": a Natureza não só está sempre em transformação, mas essas transformações obedecem a leis precisas que ditam sua evolução. Uma das lições que aprendemos com Lavoisier é que a precisão não é apenas necessária em física ou astronomia, mas em todas as disciplinas que têm como objetivo obter leis gerais que regem o comportamento dos fenômenos naturais.

Por falar em leis gerais, não posso deixar de mencionar Charles Darwin e sua teoria da evolução. Espero que numa próxima carta possamos tratar mais de suas idéias. Dentro do tema desta, Darwin também é um dos grandes heróis da ciência. Mais uma vez, fiel ao espírito científico, usou observações meticulosas, obtidas em suas viagens pelo mundo e pela Inglaterra, e em experimentos feitos em casa sobre as características hereditárias de pombos e outros animais, para chegar a conclusões gerais.

Darwin sabia muito bem que tinha um enorme desafio pela frente. Durante milênios, os homens consideravam-se criaturas especiais, à parte dos outros animais, criadas por Deus à Sua imagem e semelhança. Não éramos bestas selvagens e sim semideuses, senhores da Natureza e dos animais. Essa era a posição aceita por todos, promulgada pela interpretação literal do Antigo Testamento. Porém, o que Darwin descobriu dizia exatamente o oposto: as espécies não foram criadas ao mesmo tempo por Deus; elas evoluíram, mudando aos poucos. As mais bem adaptadas ao ambiente em que viviam tinham uma enorme vantagem sobre as menos adaptadas e, portanto, maiores chances de sobreviver e de passar seus traços hereditários às futuras gerações. Darwin demonstrou que o jogo da vida era extremamente competitivo e brutal, com espécies lutando entre si por recursos escassos, sua sobrevivência constantemente ameaçada não só por outros animais como também por intempéries climáticas e cataclismos geológicos.

Que Natureza era essa, desprovida de amor, da mensagem cristã de benevolência? Certamente, não poderia ser obra de Deus! O ultraje era inevitável. Darwin foi além. Não só era essa a verdadeira face da Natureza, cruel e desumana, como nós mesmos estamos bem mais próximos das bestas selvagens do que imaginávamos. Conforme escreveu, "aprendemos então que o homem descende de um quadrúpede peludo, dotado de orelhas pontudas e de um longo rabo, provavelmente arborícola, que habitava o Velho Mundo". Ou seja, somos essencialmente macacos evoluídos, em nada parecidos com semideuses. A imagem de uma criatura com rabo e orelhas pontudas está muito mais para demônio do que para anjo.

Darwin, tal como Copérnico trezentos anos antes dele, levou algum tempo para publicar seus achados. Aqui, o motivo era bem claro. O escândalo era certo. As disputas seriam terríveis. Darwin queria certificar-se de que sua teoria tinha prova suficiente para minimizar as críticas. Fora isso, sofria constantemente de problemas de saúde, o que diminuía seu ritmo de trabalho. Em 1856, seu amigo Charles Lyell, o famoso geólogo, avisou-o de que um jovem naturalista, Alfred Russel Wallace, estava desenvolvendo idéias semelhantes acerca da evolução das espécies. Lyell pressionou Darwin, tal como Rheticus e Giese pressionaram Copérnico. Em 1858, Darwin e Wallace apresentaram, juntos, seus resultados a alguns colegas. Finalmente, em 1859, Darwin publicou o revolucionário *Sobre a origem das espécies por seleção natural*, hoje conhecido como *A Origem das Espécies*.

As reações variaram desde a mais abjeta repugnância – especialmente por membros do clero (mas não só) – até a mais absoluta adoração. Tal como Newton, Darwin preferiu ausentar-se das batalhas, deixando que seus aliados, principalmente Lyell e o naturalista Thomas Huxley, empunhassem as baionetas. Vivendo no campo com a família, limitava-se a discutir suas idéias e a acompanhar a repercussão delas por meio de uma fervorosa correspondência, que, ao longo de sua vida, acumulou dezenas de milhares de cartas.

Mais uma vez, vemos o espírito solitário do desbravador das fronteiras do conhecimento. Porém, a partir de meados do século XIX, a época de Darwin, essa visão do herói solitário da ciência havia começado a mudar: laboratórios reuniam um número crescente de pesquisadores, e as colaborações entre cientistas tornavam-se mais freqüentes. Ademais, os custos envolvidos na aquisição de instrumentos e equipamentos científicos, cada vez mais precisos, limitavam os que podiam tê-los no porão de suas casas: os melhores laboratórios encontravam-se nas universidades. Junte-se a isso a industrialização cada vez maior da Europa – resultado das aplicações práticas de pesquisas científicas, como a máquina a vapor, a eletricidade e a química sintética – transformando vidas e gerando capital, e a conseqüência é uma profunda renovação política e econômica da sociedade: os grandes impérios cederam lugar às democracias e ao comunismo e ao fascismo do século XX. As revoluções científicas andam de mãos dadas com as revoluções sociais.

Mas você não me escreveu pedindo uma aula de história. Nosso assunto é ciência e as lições que aprendemos com o exemplo de alguns de seus heróis. Antes de concluir esta carta, que está ficando mais longa do que as de Darwin, não posso deixar de mencionar nosso ídolo, Albert Einstein. Pois é, você vê que, mesmo passados tantos anos, ainda considero Einstein um ídolo. Curiosamente, Einstein é um dos últimos, se não o último, dos heróis solitários da ciência. Quando, aos 26 anos, lançou ao mundo suas idéias absolutamente revolucionárias, ele o fez na condição de empregado de um escritório de patentes em Berna, na Suíça. Não estava ali porque queria; havia fracassado em sua busca por uma posição acadêmica. Sua personalidade antagônica, que repudiava o autoritarismo do sistema educacional alemão, não o ajudou em nada. Brigou com professores importantes, criando inimigos logo no início de sua carreira, uma estratégia não muito eficiente no mercado de trabalho de qualquer profissão. Segundo Einstein, os anos que ele passou no escritório de patentes foram os melhores de sua vida. Imagino que deve ter sido mais fácil dizer isso após ter ficado famoso... De qualquer forma, em 1905,

Einstein publicou uma série de trabalhos que viraram o mundo da física de cabeça para baixo. Como você sabe muito bem, dois deles foram sobre a teoria da relatividade especial. A elegância da teoria é indiscutível. É sobre isso que queria comentar, a construção da teoria, e não acerca de seus resultados, que você já conhece bem ou, se não conhece (me esqueci o quanto sabia sobre isso em 1977), pode ler numa montanha de livros.

Einstein construiu a teoria como um filósofo, a partir de dois princípios. O primeiro, que já era conhecido desde a época de Galileu, afirma que as leis da física são iguais para observadores em movimento relativo, contanto que esse movimento ocorra a uma velocidade constante. Ou seja, se estou na calçada e você passa de carro em linha reta a 60km/h, as leis da física são as mesmas para nós dois. O segundo principio é o "pulo-do-gato": a velocidade da luz no espaço vazio independe da velocidade de sua fonte ou da velocidade do observador. Isso é mesmo muito estranho. Suponha que você passe de carro a 60km/h e jogue uma bola para a frente a 20km/h. Da calçada, vejo a bola a 80km/h (descontando a resistência do ar, claro). Essa é a lei da adição de velocidades, uma lei que faz sentido, é intuitiva. Mas com a luz não é assim. Se você passa de carro e acende uma lanterna, tanto eu, da calçada, quanto você, do carro, vemos a luz com a mesma velocidade! Segundo o princípio proposto por Einstein, a luz não obedece à lei da adição de velocidades!

É preciso ter *muita* coragem para propor uma idéia dessas, ainda mais sendo empregado num escritório de patentes. Ela ia contra o que todo mundo acreditava na época, parecendo mesmo absurda. Sempre que dou aulas sobre a relatividade especial (esse é o nome da teoria, como você sabe, para distingui-la da geral, que apareceu em 1915), alguém me pergunta: "Mas, professor, por que a luz é assim? E por que sua velocidade é de 300.000km/s?" A resposta, quer você goste ou não, é que ninguém tem a menor idéia! Sabemos apenas que, se aceitarmos esse princípio, podemos usar a teoria de Einstein para explicar uma série de fenômenos e experimentos. É esse aspecto descritivo da ciência que quero explorar.

Em ciência, o que importa é o "como" e não o "porquê" das coisas. Dou um exemplo. A teoria da gravitação de Newton explica, de modo espetacular, as órbitas dos planetas em torno do Sol. Com ela, podemos prever, com precisão, onde Marte ou qualquer planeta estará amanhã ou em mil anos. Quando perguntaram ao próprio Newton por que objetos com massa se atraem com uma força que decresce com o quadrado da distância, sua resposta foi simples:

"Não arrisco qualquer hipótese." Ou seja, não é importante (o que não significa que não seja interessante) saber a causa da atração entre as massas; apenas *como* ela ocorre. Com a velocidade da luz é a mesma coisa. Einstein não sabia por que a luz tem esse comportamento estranho. Ninguém sabe até hoje. A física é, essencialmente, uma descrição da Natureza. Devido à sua própria construção, baseada em princípios cuja validade é observável mas não necessariamente explicável, ela será sempre incompleta. É duro para um estudante de física ou química aceitar isso. Quanto mais moderna a ciência, mais bizarra fica, mais estranhos os conceitos. O estudante tem de *aprender a aceitar* que nem tudo é compreensível, que a construção do conhecimento científico depende de uma série de técnicas operacionais baseadas em princípios que não sabemos explicar; apenas usar.

Muita gente vê essa limitação da ciência com suspeita. "Então, esses caras não sabem nada, não conseguem nem mesmo explicar os fundamentos de suas teorias." Grande engano! Basta olhar em torno, para o número incontável de tecnologias que definem a vida moderna e que são produto direto de teorias científicas que adotam esses princípios "inexplicáveis", para vermos que as pessoas que esperam que a ciência forneça todas as respostas querem (ou temem) que seja o que não é – um substituto para a religião. E essa certamente não é a função da ciência. Sei que você tem muito interesse na relação entre ciência e religião, mas, por hoje, acho que já está bom. Outro dia, tocaremos nesse assunto.

5. A NATUREZA, ESSA SEDUTORA

Caro Marcelo

Você deve se lembrar bem melhor do que eu – já que tenho trinta anos a mais de coisas entupindo minha memória – de uma conversa que tivemos com um amigo sobre a essência do ser, essa preocupação típica da pós-adolescência (e não só dela), quando tentamos organizar e classificar as coisas por medo do caos emocional que reina sob as aparências. É difícil, especialmente para os jovens, aceitar isso, mas a adolescência é uma combinação complicada de liberdade e medo: lutamos para conquistá-la e, quando finalmente conseguimos, temos medo do que podemos fazer com ela. Como dizia o Buda: "Todos os começos são obscuros..."

Esqueci-me dos detalhes da conversa, mas sei que você propôs uma arquitetura do ser em dois níveis, algo mais ou menos assim: "Temos dois tipos de traços de personalidade, os imanentes e os transcendentes. Os transcendentes são os que mudam no decorrer da vida, moldados e influenciados por emoções e experiências, boas e más. Os imanentes são a nossa essência, os que não vão mudar nunca. São aquilo que temos de mais permanente, que define quem você é." Quando você se tornar pai (prepare-se!), perceberá isso nos filhos; eles crescem, aprendem mil coisas, mas existe algo que carregam dentro de si desde os primeiros meses, sua essência, os valores imanentes. Segundo pesquisas atuais, o que chamávamos de traços imanentes são predisposições genéticas, o que me parece bem possível. De qualquer forma, a imagem permanece válida.

Você me escreveu perguntando se nosso misticismo da juventude terá algum papel em nossa vida profissional. Como estas cartas podem cair em mãos estranhas (sabe lá quem irá lê-las), é bom explicar do que estamos falando para evitar possíveis mal-entendidos. Afinal, a palavra "misticismo", se interpretada de forma errada ou fora de contexto, pode ter conseqüências bem destrutivas, especialmente para a carreira de um cientista. E não queremos que isso ocorra com a sua, que está apenas começando.

Foi durante os verões que passávamos em Teresópolis que descobrimos a Natureza. Engraçado isso, mesmo morando no Rio, pertinho do mar, foi nas magníficas montanhas da Serra dos Órgãos que o impacto do mundo natural veio nos arrematar. O cenário é mesmo dramático: o Dedo de Deus, a Pedra do Sino, as montanhas altas, escuras, cobertas aqui e ali pelos poucos vestígios que sobraram da luxuriante Mata Atlântica, despontando subitamente do sereno mar de morros que segue até o litoral.

Quando tinha sete ou oito anos, perguntei a meu pai como as rochas foram esculpidas em tamanho detalhe sem a ajuda de Deus: "É tudo uma questão de tempo, filho", respondeu ele. "Aos poucos, os efeitos da chuva, do vento, da umidade, vão tirando pedaços minúsculos das pedras. Um dia, vão todas virar areia, como a da praia."

Achava isso inacreditável: como fazer sentido da escala de tempo geológica quando temos apenas oito anos? Ou 70 ou 80? As transformações são tão lentas que realmente nada parece mudar. O mundo aparenta ser estático, as praias e montanhas, iguais, indiferentes ao nascer e morrer das formas vivas à sua volta. É como se a vida ocorresse num palco no qual o cenário é sempre o mesmo. Claro, ele muda e muito. Mas só fui descobrir isso depois. Aos oito anos, o Universo, a Terra, os céus eram imutáveis. O tempo só transcorria na escala humana, na escala dos seres vivos.

Meu pai costumava chegar a Teresópolis às sextas-feiras, após passar a semana trabalhando no Rio. Sábado de manhã, acordava bem cedo e, após comprar leite e bisnagas de semolina na Padaria Joyce, ia ao jardim com o podão no bolso traseiro das calças, a fim de inspecionar o crescimento das dálias, azáleas, rosas e lírios que decoravam a bela casa de meus avós. Quando conseguia acordar, ia junto, todo entusiasmado, à procura de insetos para a minha coleção. Arranjei dezenas de jarras de maionese e geléia, que enchia de álcool para preservar meus espécimes: besouros verde-esmeralda, que, de vez em quando, usava para decorar minha camiseta, "medalhas vivas", eu os chamava; borboletas multicoloridas, que não eram mergulhadas no álcool, mas presas numa folha de isopor por um alfinete; formigas, abelhas, aranhas e vespas de todos os tipos e tamanhos... Terminada a caça, voltava para casa e procurava em livros e enciclopédias pelos nomes dos insetos para rotular as jarras. Ficava fascinado com a diversidade e, mais ainda, com a criatividade das formas de vida que encontrava. Qual a causa da diversificação dos animais? O besouro verde-esmeralda, o bicho-pau – raro mas espetacular, as borboletas enormes, azuis, os sapos coloridos, os beija-flores? Existia alguma razão para isso? Ou seria tudo um acidente, feito o Dedo de Deus?

À noite, deitava na grama e olhava para o céu, contando estrelas cadentes, filosofando com meus primos sobre a possibilidade de vida em outros planetas. Como seriam os extraterrestres? Será que algum dia sofreríamos um ataque deles? Ou seriam bons, mais sábios do que os habitantes do nosso planeta, que, apesar de tanto progresso, ainda se matavam uns aos outros? Às vezes, podíamos jurar ter visto uma luz estranha, que não tinha como ser uma estrela cadente ou um avião... Será? Será que havíamos visto um OVNI? Talvez a aparição tivesse sido um sinal, um sinal de que os tempos mudariam, as coisas melhorariam, as guerras acabariam. Ou talvez fosse o fim que estivesse chegando, causado pelas armas e bombas terríveis dos alienígenas. Eram deuses os astronautas? Não sabíamos. E tínhamos medo.

Você lembra bem, tenho certeza, quando, num domingo, fomos atravessar a Ponte Rio-Niterói, que acabara de ser inaugurada. Éramos nós dois (ou melhor, eu), papai e Léa, nossa querida madrasta, que é boa demais para merecer esse título de conotação tão nefasta. Lá do alto da ponte, podíamos ver a Baía de Guanabara em todo o seu esplendor. Meu pai, empolgado, apontava para os monumentos que podia identificar (eram muitos): a Praça XV, o porta-aviões *Minas Gerais*, o Pão de Açúcar, o Aeroporto Santos-Dumont...

"Ô Marcelo? Você tá tão calado, por quê?", perguntou.

"Nada, pai, deixa."

"Ué, Léa, olha só ele, todo casmurro. Não tá gostando do passeio?"

"Tô, pai. É que..."

"É o quê, filho?"

"É que a baía tá tão poluída, olha que horror essas faixas de espuma gosmenta, o ar fedorento, muito triste isso."

"Não acredito, Léa! Tanta coisa bonita pra ver e o Marcelo está preocupado com a poluição. Não tem jeito mesmo esse garoto."

"Ah, Isaac, você conhece o Marcelo, ele é assim mesmo, ligado nessas coisas."

"É, pai, tô gostando, mas olha a fumaceira saindo desses navios é..."

"Filho, você não pode viver sempre desiludido com os problemas do mundo. Às vezes, tem que dar uma relaxada e apreciar o que existe de belo também."

Apreciar o belo foi uma das lições mais importantes que aprendi com meu pai. Mais cedo ou mais tarde, quem aprecia o belo vê também a necessidade de preservá-lo. Se não vê, deveria. A todo custo. Deixei de colecionar insetos; não queria mais matá-los.

Aos poucos, essas emoções e experiências foram se transformando numa profunda reverência pela Natureza. Havia algo de mágico no mundo, algo que me atraía de forma irresistível. As perguntas iam se acumulando, e ficavam sem resposta: como surgiu tudo? E a vida? Por que o céu é azul? O que acontece com as estrelas durante o dia? Por que não existem elefantes no Brasil? Será que um dia o Sol vai se apagar? Por que a mamãe morreu?

Onde buscar por respostas? Na escola, disseram-me para ler o livro do Gênesis, no Antigo Testamento. "Está tudo lá", disse minha professora de hebraico. Li e reli. Pensei e repensei. E procurei por esse Deus todo-poderoso no mundo à minha volta. Procurei nos insetos, no mar, nas pessoas que conhecia. Via beleza e feiúra, alegria e tristeza, mas não via uma intervenção divina, ao menos não em meu dia-a-dia. "Deus tem mais o que fazer do que ficar dando bola para um garoto metido", disse-me certo dia a Lindaura, nossa cozinheira. (Hoje, estou certo de que Deus estava em sua comida, absolutamente genial, divina. Era lá que Ele se manifestava, em meio às panelas sujas.)

A coisa piorou quando comecei a aprender História. As Cruzadas, a Inquisição, a Guerra dos Trinta Anos, o Holocausto, as guerras no Oriente Médio, a fome, a pobreza... fiquei profundamente horrorizado com o que foi feito em nome da religião, com os crimes cometidos em nome de Deus. Era muito confuso isso para a cabeça de um garoto de 11 anos; aprendíamos que a religião ensina que temos de amar ao próximo, respeitá-lo como a nós mesmos. Por que, então, as pessoas se matavam em nome da fé? Haviam se esquecido dos ensinamentos da religião? Como podiam ser religiosos e monstros assassinos ao mesmo tempo? Se Deus existe, como podia permitir que crimes hediondos fossem cometidos em Seu nome? E isso durante milênios, após milhões de vítimas, sem fazer nada! Por que não dava um jeito, como deu em Sodoma e Gomorra ou na época de Noé? Cadê o dilúvio purificador da humanidade?

Quando perguntava, aflito, essas coisas, recebia respostas ofensivas de pessoas ofendidas: "Você não entende nada de religião. Deus não tem de dar satisfações a ninguém, muito menos corrigir a estupidez dos homens. Nada disso! As pessoas fazem suas escolhas e são recompensadas ou punidas por Deus após a morte, indo para o Inferno ou para o Paraíso."

"E como a gente pode ter certeza de que essa punição ou redenção ocorre mesmo? Alguém já voltou para contar a história? Cadê minha mãe que nunca veio me visitar depois de morta?"

As pessoas se calavam quando mencionava minha mãe.

"Então, foi isso", pensava. "Deus tornara-se invisível aos homens. No Antigo Testamento Ele vai mesmo sumindo gradualmente, até que, no Novo, envia o Filho para tentar dar um jeito nas criaturas que criou à Sua imagem." Ficava cada vez mais óbvio para mim que é tudo uma questão de fé, que a religião é uma opção que as pessoas têm; ou você acredita nesse Deus, no Antigo ou no Novo Testamento (até essa escolha tem de ser feita!), e vive sua vida de acordo com essa fé escolhida, ou não.

Passei por momentos difíceis. Você, com certeza, lembra-se bem de nossa angústia. Onde encontrar respostas? Meio que tateando no escuro, comecei a me perguntar mais seriamente sobre a Natureza, sobre como as coisas funcionavam. Foi então que me deparei com a ciência. Com 11 anos, ganhei um livro que mudou minha vida. Seu título era algo como *The Complete Guide to Natural History* (O Guia Completo da História Natural). Era belissimamente ilustrado, com texto acessível a um garoto de minha idade. Foi um presente de meus amigos Mauro e Carlos Koogan Lorch, cuja família era dona de uma editora. Na verdade, pedi o livro ao pai deles; ele havia trazido um exemplar para mostrar aos filhos, e fiquei absolutamente encantado. Precisava tê-lo. Infelizmente, não sei mais por onde anda o livro. Você sabe?

O guia resumia grande parte do conhecimento científico sobre o Universo e a vida acumulado até o início dos anos 70. Começando com o Big Bang e a formação do Sol e da Terra, continuava com a origem da vida e a subseqüente evolução de seres unicelulares aos multicelulares, passando dos dinossauros aos mamíferos, até, finalmente, chegar ao homem.

Foi uma epifania! Existiam, então, respostas para as minhas perguntas! Se não para todas, ao menos para muitas delas. E, ainda mais importante, essas respostas não eram dogmáticas como as que eu costumava receber; foram obtidas por pessoas que aplicaram a razão ao cosmo, na tentativa de decifrar seus mistérios sem invocar deuses e divindades, inexplicáveis e misteriosamente ausentes.

Por que conto isso tudo a você? Sei que sabe disso, afinal essa é a nossa história. Mas é importante que, ao longo de sua carreira, não se esqueça desses primeiros passos, da sensação de deslumbramento com a incrível beleza do mundo natural e com nossa capacidade de interpretá-la. Parafraseando Einstein: "O que há de mais maravilhoso no Universo é o fato de ele ser compreensível."

Vamos refletir um pouco mais sobre isso. Quem somos nós, seres humanos, capazes de entender tanto sobre o mundo? Por que somos diferentes dos outros animais, que têm suas vidas definidas pelas necessidades básicas de sobrevivência, comida, abrigo e reprodução? Não é nada surpreendente que o homem fique embevecido consigo, ao se ver "senhor" da Natureza, rei absoluto dos animais, tão superior em sua capacidade. Nossos dentes e músculos fracos, a falta de pêlos ou de uma pele protetora, certamente não são fatores de orgulho. É o cérebro que nos diferencia; é nossa capacidade única de manipularmos e moldarmos objetos para uso próprio, de refletirmos sobre quem somos, de termos consciência de nossa mortalidade e da passagem do tempo a um grau infinitamente mais sofisticado do que a dos macacos ou elefantes que nos torna especiais. Dessa sofisticação cerebral, surgiu a habilidade de nos comunicarmos por meio de sons complexos, de criarmos a linguagem, sem dúvida alguma nosso grande triunfo evolucionário. Alguns animais são excelentes imitadores; outros produzem sons que os ajudam a identificar parceiros e a proteger seu território: chimpanzés podem entender e se comunicar por meio de gestos e sinais simples; golfinhos gostam de brincar, mas nenhuma espécie animal desenvolveu a fala e a habilidade de reproduzi-la por meio de símbolos.

Se nos sentimos diferentes é porque o somos. Logo cedo, ficou claro para nossos antepassados que as chances de sobrevivência eram muito maiores se permanecêssemos em grupo. Esses bandos de pós-macacos recém-bípedes perceberam, ainda, sua fragilidade perante o poder da Natureza. Tempestades, secas, ondas de frio, erupções vulcânicas e terremotos podiam destruir vidas num piscar de olhos. Fora isso, nossos ancestrais tinham de enfrentar a ameaça constante dos animais predadores.

Enquanto nos animais o medo é uma sensação que leva exclusivamente à defesa ou ao ataque, nos homens o medo leva também à reflexão. Foi essa capacidade de reflexão que instigou nossos antepassados a dar o passo seguinte: se podiam comunicar-se entre si, talvez pudessem fazê-lo também com os espíritos que controlavam a fúria destrutiva da Natureza. O método era simples. Os espíritos, vaidosos como os homens, gostavam de presentes. Para aplacá-los, então, nada melhor do que oferendas: um espírito feliz era um espírito inofensivo. Tratava-se de um pacto, uma troca. O importante é que essa relação entre os homens e a Natureza brotou de nossa fragilidade, de nossa posição inferior com relação ao imprevisível. Os reis dos animais não podiam (e continuam sem poder) deter um furacão, terremoto ou vulcão.

Com o passar dos milênios, essa relação entre o homem e a Natureza transformou-se nas religiões que conhecemos hoje, monoteístas ou não. Todas as religiões são, em essência, um método de comunicação entre os homens e o divino. A ciência também é, se bem que o divino na ciência não é sobrenatural. Pelo contrário, a premissa da ciência é de que o sobrenatural não existe. Mais do que isso, o sobrenatural não cabe dentro do discurso científico: a partir do momento em que algo se manifesta como fenômeno, passa a fazer parte do mundo natural, e, com isso, é passível de explicação racional. O que não significa que a ciência tenha resposta para todas as perguntas. Isso seria impossível. (E, em alguns casos, pouco interessante. Por exemplo, você não vai se declarar para sua namorada discursando sobre a importância dos princípios evolucionários na sobrevivência da espécie ou sobre a função sexual dos hormônios.) Se algum cientista resolve optar seguir alguma fé, essa é uma escolha pessoal. Mas acho melhor deixar essa conversa sobre religião e ciência para outra carta e voltar ao ponto que nos interessa aqui.

Você me perguntou sobre nosso misticismo de garoto e sobre seu papel em nossa carreira. Bem, posso afirmar que, apesar de ter mudado, continua vivo e forte. Mudou porque não creio mais na existência de uma realidade paralela, sobrenatural, capaz de interagir misteriosamente com a nossa. A esperança de que essa realidade existisse, que nutriu tantos sonhos e fantasias adolescentes, foi desaparecendo com o passar dos anos, o que me custou muito. É duro aceitar a morte como o fim. Bem mais fácil é acreditar numa realidade mágica, em que o natural e o sobrenatural são igualmente possíveis... nessa terra de ninguém tudo pode acontecer, até mesmo um encontro com alguém que já morreu, ou que ainda não nasceu. Todos aqueles livros sobre vampiros, fantasmas e outras aparições foram tentativas de atravessar uma ponte ligando dois mundos, o real e o irreal, de recriar o tempo, de controlá-lo.

Hoje, acredite ou não, deixei tudo isso de lado. Claro, ainda gosto de ler um bom conto gótico ou de assistir a um filme de vampiros. Mas minha relação com o sobrenatural é de diversão, não de crença. Após meu desencanto com a religião e de descobrir a história natural, fui procurar pelo sentido das coisas no que chamei no livro *A Dança do Universo* de "misticismo racional". O termo não é dos melhores e pode gerar confusão. Mas o que significa, essencialmente, é que substituí o "divino" das religiões por "Natureza". O mistério deixou de ser sobrenatural e passou a ser natural, aquilo que não sabemos sobre o cosmo. A comunicação deixou de ser com deuses e fantasmas e passou a ser com a Natureza. A língua usada, a matemática; sua gramática, as leis da física. Segundo os dicionários, sou hoje um naturalista, uma pessoa que acredita que tudo ocorre por conseqüência de causas e propriedades provenientes do mundo natural.

Calma lá, não fique desapontado com seu futuro você. Continuo a ter uma relação profundamente espiritual com a vida e com a Natureza. Só não atribuo o desconhecido a causas além da explicação humana ou das leis naturais. Atribuo-o à nossa ignorância. Já que cérebros humanos (ou seus eventuais sucessores artificiais), apesar de extremamente sofisticados, são e sempre serão limitados, essa ignorância persistirá indefinidamente: jamais teremos todas as respostas; existirá sempre espaço para o mistério, para o deslumbramento.

Veja como Einstein expressou seus sentimentos com relação à questão do mistério na religião e na ciência:

> A mais profunda emoção que podemos experimentar é inspirada pelo senso do mistério. Essa é a emoção fundamental que inspira a verdadeira arte e a verdadeira ciência... Foi o senso do mistério – mesmo se misturado com o medo – que gerou a religião.
>
> A existência de algo que não podemos penetrar, a percepção da mais profunda razão e da beleza mais radiante no mundo à nossa volta, que apenas em suas formas mais primitivas são acessíveis às nossas mentes – é esse conhecimento e emoção que constituem a verdadeira religiosidade; nesse sentido, e nesse sentido apenas, eu sou um homem profundamente religioso.
>
> (A. Einstein, *Ideas and Opinions*, p. 11, Carl Seelig (org.). Nova York, NY; Crown, 1982)

A arte, a ciência e a "verdadeira" religião são inspiradas pelo mesmo senso de mistério, pela sensação sedutora de que o mundo natural oculta algo de impenetrável pela razão humana. Por meio da busca, tentamos superar a dolorosa e insuperável separação, o abismo entre o humano e o divino. A arte, a ciência e a religião são três pontes que inventamos para sobrepujá-lo. Cada uma tem sua função, cada uma o faz de modo diferente.

Como mencionei antes, tentamos representar a beleza da Natureza e de suas criações por meio de nossa ciência imperfeita. É essa a essência de meu naturalismo. Como você pode ver, minha espiritualidade é imanente, embora sua expressão seja transcendente.

6. TRABALHO

Caro Marcelo

Na última carta, você pediu que voltássemos a falar de coisas mais práticas, sobre o meu dia-a-dia, sobre o que faço com meu tempo, agora que sou físico e professor. Se não tivéssemos esse trato com a memória, de você esquecer-se das cartas após lê-las, como se fossem um sonho interrompido, me recusaria a responder. Você irá descobrir os detalhes da vida de um cientista, ou melhor, forjá-los, por si só, ao traçar seu caminho profissional. As escolhas que fazemos a cada encruzilhada determinam as próximas. Seu caminho, ou, como se costuma dizer, sua trajetória profissional, é a soma dessas escolhas. Como escrevi noutra carta, são elas que definem quem somos.

Peço desculpas por minha limitação, mas focarei meu relato na vida de um físico teórico. Mesmo não sendo de modo algum típica dentre as várias carreiras científicas, acredito que tenha o suficiente em comum com outras para que sirva de ilustração. Ao menos, desta sei um pouco.

Ser cientista, essencialmente, é passar a vida respondendo a perguntas sobre a Natureza. Um bom cientista combina curiosidade e perspicácia com persistência: curiosidade, porque quer sempre saber mais sobre as coisas; perspicácia, para fazer as perguntas certas; e persistência para tentar respondê-las. Essas perguntas podem variar muito, do concreto e imediato ao extremamente exótico. Por exemplo, enquanto um biólogo pode estar interessado em investigar o código genético de uma bactéria, um geofísico pode querer desvendar o mecanismo que causa as auroras boreais, e um astrofísico, a estrutura do espaço-tempo em torno de um buraco negro. Alguns cientistas se interessam por assuntos práticos, de relevância imediata para a humanidade, como a cura de doenças ou a busca por energias alternativas, enquanto outros são atraídos por questões mais abstratas, como a estrutura fundamental da matéria, a origem do Universo e da vida, ou a natureza da mente. Nós, como você já desconfia e vai confirmar definitivamente muito em breve, pertencemos a esse último grupo.

Vamos começar falando sobre pesquisa. O que significa "pesquisar"? Antes de mais nada, é importante entender que ninguém faz pesquisa isoladamente; existe uma comunidade de pessoas interessadas em problemas semelhantes. Isso é bom e ruim. Bom, porque temos outros colegas com quem podemos discutir nossos interesses e problemas, beneficiando-nos de sua experiência e criatividade (e eles, da nossa); ruim, porque pesquisa é uma atividade extremamente competitiva. Quem acha que a carreira acadêmica não tem estresse, que é tudo calmo e tranqüilo; quem tem a imagem do professor universitário caminhando pelo *campus* com suas notas de aula debaixo do braço, sem preocupações na vida, não tem a menor idéia de como é intensa a luta por ser o primeiro a resolver um problema, a publicar uma idéia original. Por isso, quando iniciamos um projeto de pesquisa, precisamos estar a par da literatura na área escolhida, isto é, precisamos ler e entender os artigos publicados em jornais especializados que abordam temas semelhantes àqueles nos quais estamos interessados; desde os "clássicos", que propõem as idéias originais sobre o tema, aos mais recentes. Em outras palavras, quando se inicia um projeto numa determinada área, é essencial pesquisar detalhadamente o que já foi publicado no assunto. Afinal, ninguém quer perder tempo reinventando a pólvora. Graças à internet, hoje em dia isso é muito mais fácil do que, digamos, em meados dos anos 90. Existem inúmeros portais nos quais artigos podem ser encontrados, mesmo antes de serem publicados. Até mesmo o da Google faz isso, no "Google Scholar" (http://scholar.google.com).

Outro ponto importante é entender que a ciência não progride em linha reta. A pesquisa é feita por pessoas diferentes, com idéias diferentes sobre o mesmo assunto. Como mencionei em outra carta, existe uma constante troca entre especialistas, não só por meio de artigos, mas também em conferências, congressos e seminários. Essa interação é absolutamente fundamental para o progresso da pesquisa e da ciência em geral. O esforço passa a ser comunal, ou, se não comunal, ao menos dividido em subgrupos de pessoas com interesses semelhantes. Conferências e seminários são fóruns para especialistas. Na maioria dos casos, a linguagem técnica é tão específica que cientistas com treinamento semelhante trabalhando em áreas distintas não podem acompanhar as apresentações e discussões. Por exemplo, é raro que um astrofísico entenda um seminário sobre nanotecnologia.

Um dos passos importantes na carreira de um cientista é justamente a escolha da área de pesquisa. Na graduação, você é, ou deveria ser, exposto às várias especializações que existem em sua profissão. Cursando química, você aprende sobre química inorgânica, química orgânica, físico-química, bioquímica etc. Em física, sobre física da matéria condensada, astrofísica, física nuclear, física de partículas, cosmologia, plasmas, fluidos etc. Ao chegar à pós, você deve ao menos ter uma idéia se seus interesses estão na área teórica ou experimental. (Isso não é absolutamente necessário ou pré-requisito, mas ajuda bastante. É cada vez mais raro o físico que trabalha tanto na área experimental quanto na teórica.) Em nosso caso, optamos pela física teórica, em particular pela física das partículas elementares e pela cosmologia.

Como saber que área escolher? Essa é uma pergunta muito subjetiva. Vai depender muito de seus interesses, do que você espera de sua carreira, de seus sonhos. Claro, existem também aspectos práticos, como a instituição na qual você está fazendo pós-graduação, as áreas de pesquisa abertas aos alunos, quais professores estão disponíveis para orientá-los, financiamento etc. Se você, antes de ingressar na pós, já tem uma boa noção de qual é sua área de interesse, procure uma instituição que seja ativa nela, na qual os pesquisadores têm boa reputação. Como saber isso? Fácil! Visite a internet, procure pelos artigos dos professores, veja se são citados por colegas. Antes de decidir, converse com seu possível orientador e, mais importante ainda, com seus alunos de pós.

A escolha de um orientador é um passo muito importante na carreira de um jovem cientista. Não apenas porque será essa pessoa que definirá sua área de pesquisa por um bom tempo; ele ou ela trabalharão com você por quatro ou cinco anos quase que diariamente, passando para você ensinamentos e experiência profissional. Um orientador inacessível ou agressivo pode causar sérios danos profissionais e emocionais. Histórias não faltam. Se você escolher um orientador "durão", prepare-se para isso. Em muitos casos, o contato é difícil, mas vale a pena. Em outros, a experiência é desastrosa e pode levar a desistências.

Voltando à escolha da área de pesquisa, lembro-me do que ocorreu comigo na Inglaterra. Estava começando o segundo ano de doutorado, trabalhando no grupo do professor John G. Taylor, físico teórico bem conhecido, especializado em teorias extremamente matemáticas, chamadas "teorias de unificação de campo", em que físicos buscam uma descrição única para todas as forças da Natureza, desde a gravitação e o eletromagnetismo até as forças nucleares fortes e fracas, que agem apenas dentro do núcleo atômico.

Basicamente, a idéia de unificação reside na crença de que tudo na Natureza pode ser reduzido a manifestações diferentes da mesma essência, uma busca por uma simplicidade inerente em tudo o que existe, ainda que disfarçada pela complexidade dos fenômenos que observamos. No início de minha carreira, sentia-me muito atraído por essa idéia, talvez por querer acreditar no fato de que uma ordem simplificadora exista por trás do caos da vida, talvez influenciado por Einstein, que dedicou as três últimas décadas de sua vida a ela, ou talvez por ter crescido numa cultura monoteísta, que supõe que uma causa única, transcendente, é responsável por tudo o que existe.

Dada a confluência de interesses, achei que trabalhar com Taylor em unificação seria o casamento perfeito. Porém, quando me sugeriu um tópico de pesquisa, achei-o técnico demais e sem a menor graça. Fiquei sem saber o que fazer. Não queria ofendê-lo e menos ainda gerar qualquer problema ou transtorno, mas não me via mexendo naquilo. Resolvi tomar a iniciativa e procurar algo diferente; meu plano era encontrar um tópico que me interessasse e apresentá-lo a Taylor como alternativa. Durante dois meses, vasculhei artigos na área de unificação de campos, buscando algo que me fosse irresistível, urgente. Finalmente, após muita frustração, encontrei o artigo de um físico da Universidade de Chicago, Peter Freund, sobre a cosmologia em universos com mais de três dimensões espaciais. A relação com a unificação de campos vinha justamente dessas dimensões extras; as idéias de unificação mais populares em meados dos anos 80 (e agora também!) postulavam a existência dessas dimensões extras. Nesse caso, supondo que elas de fato existam, o problema, como mencionei em outra carta, era explicar por que vemos apenas três delas.

Fiquei maravilhado com a idéia de que a unificação conduz a universos com dimensões invisíveis. Havia encontrado meu tópico de pesquisa! Precisava apenas convencer Taylor de que valeria a pena. Marcamos uma reunião (na boa tradição inglesa, tínhamos uma reunião por semana, sempre à mesma hora) e, no dia certo, fui até sua sala armado de artigos e de uns cálculos que havia feito, tentando generalizar os achados do Freund para outras situações. Deu certo! Taylor adorou a idéia e seguimos em frente. Na ocasião, disse-me algo que Edward "Rocky" Kolb, ex-chefe do grupo de astrofísica teórica do Fermilab e meu colaborador durante anos, repetiu mais tarde, quando fazia pós-doutorado sob sua supervisão: "Em pesquisa, só vale a pena fazer aquilo que nos motiva profundamente. Caso contrário, os resultados nunca serão tão bons quanto poderiam ser." Palavras sábias. Taylor percebeu que não estava feliz com o tópico sugerido e soube aceitar uma alternativa, mostrando sua experiência como mentor. Em ciência, como nas artes e na literatura, nunca dá muito certo trabalhar em algo que não nos motiva. O resultado é uma obra sem "alma", desprovida do que há de mais belo e significativo no processo criativo, a entrega à busca.

Dado isso, a vida de um cientista tem um encanto, uma dimensão lúdica, que é rara (mas não inexistente) nas demais profissões. Trabalhar significa buscar, ensinar, criar, tentar dar sentido a intuições sobre os mecanismos que regem o mundo natural. Imagino que cientistas que realizam experimentos sintam essa dimensão lúdica de forma ainda mais óbvia: o laboratório é seu playground, o espaço onde dão vida às suas criações, investigando esse ou aquele mistério. A emoção da descoberta, o "clique" no detector, o ponteiro indicador que segue na direção esperada, a surpresa do acaso, é inesquecível. No caso de um físico teórico como eu, o laboratório é substituído por papel, lápis e, hoje em dia, de forma cada vez mais relevante, computadores. São eles os laboratórios nos quais fabricamos realidades, possíveis e impossíveis. Neles, podemos criar universos que seguem leis imaginárias – testando, assim, os limites de nossa realidade – contendo apenas os ingredientes que queremos analisar, sem efeitos adicionais que, na maioria das vezes, apenas obscurecem o sentido das coisas. Dessa forma, e devido à sua enorme velocidade, computadores nos permitem sobrepujar dificuldades matemáticas que impediram avanços em várias áreas da ciência durante séculos. Muitos problemas que não podem ser resolvidos "no braço", isto é, calculando no papel, como faziam Galileu ou Einstein, podem ser resolvidos facilmente por computadores. Basta saber programá-los.

Nosso envolvimento com computadores começou no doutorado, quando tentava resolver um sistema de equações bem complicado. Comparado com os que temos hoje, aquela máquina era um verdadeiro dinossauro. Na época, porém, era o máximo, um terminal "Tektronics" que me possibilitava visualizar a solução de minhas equações quase que em tempo real. Aprendi a programar na marra, confesso que sem muita aptidão natural. Hoje, meu grupo de pesquisa utiliza computadores para "simular" sistemas com comportamentos tão complexos que seria impossível prevê-los. São verdadeiros laboratórios, onde buscamos novos padrões de organização da matéria, pela elucidação das propriedades do cosmo, pelas manifestações das leis da física em sistemas idealizados (chamados "modelos") que visam explorar novas facetas do mundo e, quem sabe, onde podemos até mesmo descobrir novas leis.

A pesquisa jamais deve perder seu aspecto lúdico, de exploração divertida. Não é à toa que o grande físico Isidor I. Rabi costumava dizer que "os físicos são os Peter Pans da sociedade", aqueles que se recusam a crescer, que mantêm viva a mesma curiosidade da criança que pergunta "Por quê? Por quê?". Aliada a essa dimensão lúdica, existem a disciplina e a dedicação, ambas fundamentais na carreira do cientista. Ao pesquisar, o cientista é como um maestro, ao mesmo tempo emocionado com a música que rege e focado nos detalhes da composição e em cada seção da orquestra.

As atividades de pesquisa ocorrem na instituição em que o cientista atua. Embora muitos cientistas trabalhem em laboratórios industriais, escreverei apenas sobre a vida universitária. Afinal, essa é a experiência que tenho, 15 anos como professor universitário e uns dez mais como pesquisador.

As universidades têm uma riquíssima história, ligada ao renascimento do pensamento clássico na Europa em torno dos séculos XII e XIII. Quando os árabes trouxeram os textos de Aristóteles, Platão e tantos outros para a Península Ibérica, reacenderam a chama da curiosidade intelectual que, durante quase seis séculos, limitou-se a brilhar timidamente na Europa. É nas universidades que surge o primeiro desafio à, até então, completa hegemonia intelectual da Igreja; uma nova classe profissional, formada por professores de lei, arte, medicina e matemática, juntamente com seus estudantes, implantara-se em Bolonha, Paris, Oxford e outras cidades onde funcionavam as primeiras universidades. Na época, e durante muitos séculos, a Igreja e os professores de teologia tinham controle absoluto sobre o que podia ser lido; por exemplo, alguns textos de Aristóteles e comentários sobre eles pelos filósofos muçulmanos Avicena e Averoé foram banidos. Em Paris, essa censura provocou a ira dos professores e estudantes de outros departamentos, que queriam ter liberdade para ler e pensar sobre qualquer assunto. O conflito era inevitável. Desde então, as universidades consagraram-se como lugares nos quais a livre circulação de idéias e opiniões é celebrada e cultivada, como berços do pensamento alternativo e crítico. Claro, esse liberalismo nem sempre é visto com bons olhos. Em tempos de censura política ou ideológica, as universidades sofrem repressão intensa, muitas vezes com repercussões trágicas. A história é repleta de exemplos, não só na Europa medieval, mas também no Brasil, na França, na China e nos Estados Unidos do século XX.

Na rotina do dia-a-dia, em meio a aulas e provas, muitas vezes nos esquecemos dessa nobre história das universidades. Mas ela está lá, registrada nos livros e, no caso da Europa, nos antigos prédios, orgulhosos do que representam, templos do saber, monumentos à curiosidade humana e seus frutos.

Visto que essa é minha visão (talvez um tanto romântica mas sincera) das universidades, é claro que adoro passar meus dias numa delas, integrando essa antiga tradição intelectual. Sinto-me privilegiado por participar da vida acadêmica, de seus rituais e rotinas, da criação e divulgação do saber. É esse, essencialmente, o compromisso profissional de qualquer acadêmico: criar o saber e divulgá-lo; não só o novo, mas também o que se tornou parte do currículo de graduação e de pós-graduação nas várias disciplinas, o conhecimento que pessoas educadas ao nível universitário devem ter. O que determina o conteúdo desse conhecimento depende de vários fatores, geográficos, culturais, históricos, políticos e sociais. Por exemplo, nos Estados Unidos há o sistema de "educação liberal", no qual o aluno, independentemente de seu bacharelado, deve cursar várias disciplinas consideradas importantes na formação cultural de qualquer cidadão, desde história e filosofia até ciências físicas e biológicas.

Apesar de você não me ter perguntado sobre a estrutura do ensino universitário, gostaria ao menos de opinar brevemente sobre o assunto, dado que tenho experiência em três sistemas universitários bem diferentes, o brasileiro, o inglês e o americano. Deles, ao menos sob o ponto de vista de preparo intelectual do aluno, o americano me parece o melhor. Não porque as universidades americanas sejam mais ricas (o que é verdade, na grande maioria dos casos), mas devido à estruturação do currículo. Essa idéia de educação liberal é mesmo muito interessante e estimulante. Você sai da universidade com um conhecimento amplo em várias disciplinas e não superespecializado em apenas uma. Mesmo formado em física ou biologia, o aluno tem a oportunidade de cursar cadeiras em letras, em economia, no que quiser, dentro dos parâmetros de cada escola. Em algumas mais radicais, o currículo inteiro é baseado na série "The Great Books" (Os Grandes Livros), que reúne as grandes obras do pensamento e da literatura desde Homero até meados do século XX. Por exemplo, ao estudar Newton, lê-se seu livro original, *Princípios Matemáticos da Filosofia Natural.* Como em tudo, existem prós e contras com relação a essa filosofia de ensino. Mas o interessante é que ela existe e é viável. Na universidade em que leciono, o Dartmouth College, das 33 cadeiras que o aluno precisa para se formar em quatro anos, apenas em torno de 12 são dirigidas especificamente ao bacharelado. É claro que o aluno pode cursar um número maior de cadeiras especializadas. No entanto, a menos que queira fazer pós-graduação na mesma disciplina de seu bacharelado, isso não é nem necessário nem particularmente útil no mercado de trabalho.

É importante, também, lembrar que a vida de professor não se restringe apenas a dar aulas e pesquisar. O corpo docente é o órgão mais importante na vida de uma universidade. Juntamente com a administração, os professores definem diretrizes curriculares, políticas de cunho profissional e critérios para a promoção de colegas nos diversos níveis possíveis do cargo de professor. A dinâmica e o funcionamento burocrático de cada departamento são diferentes, e certamente bem diferentes entre instituições no Brasil e nos Estados Unidos. Mas reunião é reunião, e a relação com colegas é essencialmente a mesma, às vezes divertida, às vezes nada divertida, às vezes definida pela camaradagem e em outras pelo conflito e pela competição. Nisso, não vejo grande diferença entre o que ocorre numa universidade ou num grande hospital ou escritório de advocacia. Cientistas, médicos, advogados, todos são seres humanos, exibindo o que temos de bom e de ruim.

Deixei o ensino para o final desta carta não por considerá-lo menos importante do que a pesquisa, mas por considerá-lo muito importante. Como meu pai gostava de dizer, "*Last but not least...*" Primeiro, conto um segredo que poucos fora do mundo acadêmico sabem: há um velho conflito entre a pesquisa e o ensino. Muita gente acha que aqueles que se dedicam mais à pesquisa em geral não dão bola para o ensino. Talvez em média isso seja verdade, não tenho a pretensão de representar ou conhecer todos os cientistas do mundo acadêmico. Porém, talvez tenha dado sorte, mas lembro-me de muitos exemplos em que cientistas de primeiro calibre eram também excelentes professores. Prefiro não listar nomes, pois sei que aqueles que são tão bons professores quanto pesquisadores sabem bem quem são. Existem também aqueles que simplesmente não têm muito talento para ensinar. Afinal, não é nada fácil transmitir conhecimento de modo claro, achar a linguagem adequada, o nível de exposição certo, perceber como os alunos recebem o material novo, mudar o ritmo quando necessário, encontrar explicações alternativas caso as dúvidas persistam...

O conflito a que me referi é subjetivo: quanto tempo um jovem acadêmico deve dedicar à pesquisa, e quanto ao ensino? Tudo depende de seu objetivo profissional. Se você quer se firmar como pesquisador, publicar muitos artigos, tornar-se professor titular cedo, talvez não seja uma boa idéia passar um número excessivo de horas preparando e repreparando aulas com imensos detalhes. Uma boa idéia é tentar lecionar os mesmos cursos durante os primeiros anos de carreira. Os cursos melhoram e você ganha tempo.

Porém, mesmo que essa seja sua opção profissional, *jamais* se esqueça de seus alunos! Não há nada mais inadequado do que um professor mal preparado, que chega desmotivado à sala de aula, passando a impressão de que está ali por obrigação, e não por opção. Inadequado é pouco: acho essa atitude antiética: como escrevi antes, um acadêmico é não só um gerador de idéias, mas também um disseminador delas. Abandonar os alunos, tratá-los mal, isso tudo indica um sério problema, uma falta de seriedade profissional que cheira a egoísmo. Como costumo dizer, e perdoe-me se me repito, mas acho isso importante, o melhor conselho que pode ser dado a um jovem professor é: lembre-se de como foi horrível ter de aturar professores ruins ou mal preparados e evite tornar-se um deles.

De vez em quando, recebo cartas de jovens estudantes reclamando da qualidade do ensino em suas universidades, algumas delas consideradas as melhores do país. Não entendo como isso pode ocorrer. Alunos deveriam preencher avaliações de curso com comentários sobre a qualidade do ensino e sobre o curso em geral. Embora não tenha certeza, imagino que isso ocorra na maioria das instituições de ensino. Se não ocorre, deveria. Essas avaliações fazem parte dos critérios adotados pelo corpo docente para determinar se um professor é ou não adequado para lecionar um determinado curso ou se deve ser promovido. Claro, essa determinação deve ser feita em contexto: "Estudantes-problema", que querem se vingar de um professor por algum motivo, devem ser identificados; a correlação entre as notas e os comentários deve ser levada em conta, para evitar que alunos que tirem notas baixas e que tenham alguma birra com o professor carreguem um peso excessivo. De qualquer forma, essas avaliações servem de barômetro do que ocorre na sala de aula e são muito úteis na carreira de um jovem professor. Afinal, ensinar também é algo que se aprende.

Sei que esse não é o nosso caso, pois sempre gostei muito de ensinar, mesmo quando dava aulas particulares de física e matemática, mas não veja o ensino como uma atividade sem vida, sem interesse. Não o veja como algo que "faz parte", que tem de ser feito, como escovar os dentes todas as manhãs. Ensinar é um privilégio, uma interação única com um grupo de pessoas que o incluiu no passado. Pense no impacto que alguns professores tiveram em sua carreira, como lhe inspiraram dentro e fora da sala de aula. Pense na importância de transmitir o conhecimento acumulado após séculos de estudos para as futuras gerações, no drama e no êxtase da descoberta. Pense que você tem o poder de influenciar positivamente um grupo de jovens para que dêem continuidade a esse processo de transmissão do saber. Lembre-se de que ensinar não é uma via de mão única. O professor também aprende, renovando sempre seu conhecimento, desafiado pela curiosidade dos alunos. Quanto maior for seu investimento no ensino, mais gratificante será sua vida profissional.

7. A CIÊNCIA NO NOVO MILÊNIO

Caro Marcelo

Está na hora de falarmos sobre o futuro, não apenas do seu, mas o de nosso planeta. Ser cientista implica uma responsabilidade social que vai além da pesquisa e do ensino. É necessário entender que a ciência tanto cria quanto destrói, que existem sérias conseqüências éticas nas escolhas que cientistas nas diversas áreas fazem durante sua vida profissional. Gostaria de falar um pouco sobre alguns dos problemas e desafios que enfrentamos no presente e que seguramente enfrentaremos no futuro, problemas ligados à ciência, mas que têm relevância para a sociedade como um todo.

É espantoso como o mundo mudou desde que tinha a sua idade. Lembro-me de que nas aulas de computação era necessário perfurar cartões para programar os computadores! Você nem pode imaginar do que são capazes os computadores de hoje, como a vida moderna gira em torno das tecnologias digitais, coisas que para você pareceriam mágicas, como televisores de alta definição com telas de 70 polegadas, minitelefones portáteis chamados telefones celulares que você leva pelas ruas e fala com quem quiser no mundo inteiro, dispositivos do tamanho de um cartão de crédito que tocam música gravada digitalmente de altíssima qualidade, videogames de resolução gráfica impressionante, universos inteiros de sons e imagens virtuais criadas por computadores incrivelmente rápidos. Fitas cassete e discos de vinil são coisas do passado, peças de museu; até mesmo as fitas de vídeo estão ultrapassadas. Essa revolução tecnológica é baseada em circuitos digitais integrados que contêm milhões de componentes em uma área comparável à de uma unha. Quem diria que o estudo dos átomos daria tantos frutos! Bohr, Heisenberg e Schrödinger jamais teriam imaginado algo assim. Ao menos nos países mais afluentes, computadores são quase tão comuns quanto televisores. A aliança entre os computadores e os meios de telecomunicação criou uma rede de informação chamada internet que está integrando o planeta inteiro: uma pessoa em Juazeiro do Norte pode trocar idéias ou flertar com outra em São Petersburgo ou Xangai. E isso em menos de trinta anos! Essa é a era da democracia tecnológica. Apenas os carros continuam sem voar...

E tem muito mais. O genoma humano e o de muitas outras espécies (incluindo parte do genoma do homem de Neanderthal e dos mamutes) foram mapeados. Genes de plantas e animais podem ser manipulados artificialmente, permitindo, dentro de limites, que seus engenheiros modifiquem suas características: foram criados alimentos como a soja e o milho transgênico, resistentes a uma série de pragas; foram desenvolvidas técnicas de clonagem que permitem criar cópias idênticas de animais e plantas, estejam eles vivos ou mortos. Apesar de seres humanos ainda não terem sido clonados (a maioria absoluta dos cientistas é contra a clonagem de humanos), você pode imaginar o impacto que isso teria na sociedade.

Mas nem tudo é festa. Como nos mostra a história, toda nova tecnologia tem um lado luminoso e um lado sombrio. É sobre essa dicotomia que eu queria falar. Em particular, sobre o aquecimento global, a crise de energia e a revolução em genética, temas que vão definir nosso destino e sobre os quais as futuras gerações de cientistas terão um papel definitivo.

A história da humanidade mudou em 1945, quando foi testada a primeira bomba atômica no deserto de Álamo

Gordo, no estado americano do Novo México. O teste demonstrou ser possível usar a energia de dissociação (ou melhor, fissão) de núcleos atômicos pesados para criar uma arma de destruição com poder inimaginável. O experimento, financiado pelo governo dos Estados Unidos, teve um desfecho trágico: duas bombas foram jogadas nas populações civis de Hiroshima e Nagasaki, causando centenas de milhares de mortes. Quem criou a bomba? Um grupo de físicos, liderados pelo genial e enigmático J. Robert Oppenheimer, trabalhou durante três anos às escondidas para aperfeiçoar a nova arma. Antes de 1942, esses físicos eram, em sua maioria, pessoas pacíficas, liberais, visceralmente contra qualquer tipo de militarismo ou de violência do Estado contra populações civis. Como, então, explicar que esse grupo de pessoas, que incluiu Enrico Fermi, Hans Bethe, Richard Feynman e outros grandes nomes da ciência, dedicou três anos de suas vidas à construção de bombas atômicas?

Não há uma resposta única. Porém, o evento que precipitou o que veio a ser chamado de Projeto Manhattan foi a crença de que os nazistas, liderados por outro grande gênio da ciência, Werner Heisenberg, estavam tentando construir a bomba. A possibilidade de uma arma com tal poder de destruição nas mãos de Hitler e seus assassinos criou um clima de medo que só podia ser aliviado com uma resposta à altura. Nascia, assim, a política de detenção que caracterizou a chamada guerra fria: se dois inimigos têm uma arma terrível, nenhum dos dois se atreverá a usá-la, pois sabem bem quais seriam as conseqüências de seus atos. A guerra entre potências atômicas é uma guerra sem vencedores.

No dia 2 de agosto de 1939, Einstein escreveu ao presidente dos Estados Unidos, Franklin Delano Roosevelt, sugerindo que criasse um comitê para investigar a questão da fissão de urânio e seu uso bélico. Em 25 de março de 1945, Einstein escreveu novamente a Roosevelt, pedindo que desse audiência a Leo Szilard, um dos descobridores da fissão nuclear. Mas essa carta teve um tom muito diferente da primeira. Szilard que, como Einstein, era um pacifista convicto, temia pelo pior; percebeu o isolamento dos cientistas trabalhando no Projeto Manhattan e entendeu que a decisão do que fazer com a bomba não seria deles, mas do governo.

Szilard e Einstein eram minoria. Aparentemente, a maioria dos cientistas pensava que a bomba jamais seria usada, que seria apenas um objeto de defesa, e não de ataque. No máximo, o exército detonaria uma ou duas bombas em algum lugar remoto, demonstrando seu potencial apocalíptico de destruição. Tragicamente, não foi o que ocorreu. Após a queda de Hitler e a derrota da Alemanha, o Japão continuou sua investida no Pacífico. Apesar da iminente derrota e do número calamitoso de mortes, o Japão, movido por um sentimento inabalável de bravura e honra imperial, não se rendeu. O fim da guerra só viria, segundo a versão oficial americana, se os aliados invadissem o território japonês por terra, mar e ar, numa investida que teria um número enorme de perdas de ambos os lados. No dia 6 de agosto, com autorização do novo presidente americano Harry S. Truman, a primeira bomba atômica foi detonada sobre Hiroshima, com uma potência equivalente a 20 mil toneladas de TNT, duas mil vezes maior do que a maior bomba usada até então. O co-piloto do B-29 que jogou a bomba, ao ver a nuvem em forma de cogumelo engolfando a cidade, exclamou: "Meu Deus, o que fizemos?" Passados seis meses, devido à explosão inicial e à radiação que se espalhou pela área, mais de 140 mil pessoas morreram. Três dias depois, uma segunda bomba foi jogada sobre a cidade de Nagasaki, matando outras 75 mil pessoas.

Os cientistas do Projeto Manhattan criaram a bomba com receio de que seus inimigos o fizessem. Criaram um monstro que não podiam controlar. A aliança entre a ciência e o Estado é, e sempre foi, uma faca de dois gumes. Por um lado, a ciência de ponta é cara e precisa de recursos que apenas o Estado pode fornecer. Por outro, as tecnologias obtidas por meio do financiamento estatal não são propriedades de seus criadores. É importante manter essa aliança em mente quando se inicia um projeto de pesquisa, seja ele qual for.

A bomba causou o término praticamente imediato da Segunda Guerra Mundial. Não há dúvida de que teria terminado com métodos militares menos obscenos, embora talvez não tão rapidamente. O importante aqui é que a bomba foi construída por cientistas e jogada por militares sobre uma população indefesa. Esse é um fato que nenhum cientista, jovem ou velho, pode esquecer. Como disse Oppenheimer: "Os cientistas conheceram o pecado. E isso é algo que não podem esconder." Os cientistas que trabalham na construção de armas de destruição em massa precisam aceitar que fizeram uma escolha com seríssimas repercussões éticas.

O mundo mudou com o colapso da União Soviética e o fim da Guerra Fria. (Pois é, ela vai acabar e o império soviético vai se desintegrar em vários países.) Não existe mais a ameaça de um confronto de proporções apocalípticas entre duas potências nucleares. Ou, pelo menos, essa ameaça não é mais tão imediata e óbvia. O que existe é a possibilidade de um país liderado por um ditador ou uma política extremista usar a bomba contra seus inimigos. Certamente, se isso ocorrer, a retaliação será terrível. Poderia até iniciar um conflito nuclear global, com uma repercussão devastadora. Outra possibilidade é a de terroristas usarem material altamente radioativo para contaminar as águas de uma cidade grande. Bomba nuclear ou contaminação radioativa, nenhuma das duas possibilidades é encorajadora.

Em 2002, participei de uma conferência para homenagear os noventa anos do grande físico John Wheeler. À parte suas contribuições fundamentais para a teoria de campos e para a relatividade geral, Wheeler foi o inventor do nome "buracos negros". Foi bom ver um dos grandes nomes da física brasileira por lá, o professor Jaime Tiomno, que trabalhou com Wheeler em Princeton nos anos 50 e 60. Após várias palestras (falei sobre a questão das três origens, cosmo, vida e mente), foi a vez de Wheeler. Muito baixinho, quase num sussurro, agradeceu aos presentes e disse: "Antevejo uma era difícil para a humanidade, quando um conflito de proporções catastróficas reescreverá a história. Esse conflito será movido por forças religiosas. Só então encontraremos a paz mundial." Infelizmente, a moral humana pouco progrediu desde os primórdios da civilização.

O que um jovem cientista pode fazer a respeito? Antes de mais nada, jamais deve fechar os olhos aos problemas do mundo, estejam eles próximos ou distantes. Um dos objetivos da ciência, talvez o mais importante deles, é aliviar o sofrimento humano. A cura de doenças, o desenvolvimento de tecnologias que melhorem a qualidade de vida das pessoas, que as permitam viver mais e melhor, alimentar-se mais e melhor, que permitam salvar nosso planeta e a diversidade da vida nele, todas essas atividades são terreno da ciência e da engenharia.

Mesmo a pesquisa mais abstrata, que aparentemente tem pouco a ver com os problemas do mundo, serve à humanidade de modo necessário e imprevisível. Necessário porque temos o desejo de desvendar os mistérios da Natureza, de descobrir seus segredos e, por meio disso, de entender melhor quem somos e por que somos assim. Imprevisível porque, mesmo que, de imediato, a pesquisa abstrata não guarde um vínculo óbvio com qualquer aplicação tecnológica, mais cedo ou mais tarde esses vínculos se materializam. Um exemplo é o estudo das propriedades dos átomos durante o início do século XX, que levou à revolução digital e aos usos (e abusos) da energia nuclear. Outro é a teoria da relatividade de Einstein, usada tradicionalmente no estudo das partículas elementares e da astrofísica e cosmologia, mas que hoje encontra aplicações em dispositivos chamados GPS, sistemas de posicionamento global ligados a satélites, que determinam a latitude e a longitude de qualquer ponto do planeta com alta precisão. Efeitos relativísticos fazem com que os relógios atômicos num satélite de GPS adiante 38 milionésimos de segundo por dia com relação aos relógios terrestres. Esse erro é previsto e corrigido usando a teoria da relatividade. Caso não fosse, os sistemas de GPS produziriam erros de mais de 10km por dia na precisão de suas medidas. Como hoje praticamente todos os aviões e navios usam GPS, imagine o desastre que seria se essas correções não fossem efetuadas.

Em qualquer área de pesquisa, o cientista desempenha um papel social muito importante. Dado que a ciência, por meio de suas descobertas e aplicações, molda e define em grande parte a sociedade moderna, aqueles que detêm o conhecimento científico têm o dever de atuar no mundo, educando e orientando o público sobre questões que tenham impacto social e global. Como exemplo, gostaria de explorar uma questão que hoje é muito importante, o aquecimento global ou "efeito estufa".

Como você vive numa época pré-crise climática, é bom que eu explique que negócio é esse de efeito estufa. Desde o início da era industrial, a humanidade vem se desenvolvendo a passos largos, movida por combustíveis fósseis, como o carvão e o gás natural. A queima desses combustíveis produz vários gases poluentes, dentre eles o gás carbônico. O crescimento acelerado da população mundial aumenta a demanda de produtos e energia e, com isso, a quantidade de gases ejetados na atmosfera. A Terra, sendo um planeta finito, não pode absorver uma quantidade infinita de poluentes. Aos poucos, a densidade da atmosfera vai aumentando, dificultando a dispersão do calor vindo do Sol para o espaço. É como se estivéssemos cobrindo a superfície do planeta com um cobertor que vai ficando cada vez mais espesso. Quanto maior a poluição, mais espesso o cobertor. Durante a década de 1990 e no início do século XXI, a Terra teve os anos mais quentes dos últimos 150 anos. Esse aquecimento global tem graves conseqüências para o planeta e para as nossas vidas. Por exemplo, o aumento da temperatura causa o degelo das calotas polares e o aumento do nível das águas nos oceanos. Mesmo um aumento modesto de temperatura, em torno de dois ou três graus, pode tornar muitas regiões costeiras inabitáveis, especialmente as de baixa altitude, como a Holanda, Calcutá, na Índia, Xangai, na China, ou o Rio de Janeiro. Além disso, aumentos de temperatura causam sérios desequilíbrios ecológicos: padrões de migração e hibernação de várias espécies são alterados, o número de pragas e insetos aumenta, bem como a incidência de doenças.

O estudo do aquecimento global é extremamente complexo. Vários fatores não-ligados diretamente à ação humana contribuem para o clima da Terra, dentre eles pequenas flutuações na luminosidade do Sol e a liberação de calor e gases do interior terrestre causada por movimentos das placas tectônicas e por vulcanismo. No decorrer da história, o planeta passou por várias idades do gelo e outras mais quentes. Isso dificulta o trabalho dos cientistas que fazem modelações do clima terrestre; fica difícil prever exatamente quando e o que vai ocorrer. Como deve ser, os cientistas discutem os prós e os contras de cada efeito, tentando chegar a um consenso. Apesar de não haver unanimidade, a maioria *absoluta* dos cientistas não hesita em afirmar categoricamente que, se não fizermos algo para diminuir a emissão de gases poluentes muito em breve, entraremos numa fase irreversível de aquecimento global, com péssimas conseqüências para o planeta. Grupos de interesse, como produtores de petróleo e seus derivados e governos aliados a eles, têm aproveitado a complexidade da questão, tentando transformá-la em debates políticos, acusando os cientistas que defendem a necessidade de controles de emissão de serem alarmistas liberais.

Infelizmente, a mídia não contribui muito para a questão, publicando artigos em que as duas visões são postas lado a lado, como se, de fato, existisse um conflito de opinião entre os cientistas. Os que divergem são, como indiquei anteriormente, uma minoria. O que está em jogo aqui é nada mais nada menos do que a sobrevivência de milhões de pessoas. Não fossem os políticos preocupados principalmente com questões de curto prazo, definidas em grande parte pelo período de reeleição, e a indústria com o lucro de seus acionistas, a situação seria muito diferente.

O que os cientistas, especialmente os jovens cientistas que irão herdar esse abacaxi, podem fazer? Duas coisas: primeiro, aprimorar a qualidade dos estudos climáticos, tornando-os cada vez mais realísticos. Quando modelos, ao serem comparados com dados observacionais, fazem previsões corretas, o debate deixa de existir. Os dados não mentem. Segundo, cientistas têm o dever de informar a população e seus representantes políticos sobre a gravidade da situação. É absolutamente essencial que o cidadão saiba das conseqüências de suas escolhas políticas. Ao votar, escolhemos um indivíduo que tem a responsabilidade de nos representar perante a nação e o mundo. Dada a seriedade da situação, e o impacto que pode ter para as gerações futuras, é importante escolhermos o candidato correto. É o mínimo que podemos fazer por nossos filhos.

Os que acusam os cientistas de exagerarem a gravidade da situação climática argumentam, corretamente, que a ciência não é feita de maiorias de opinião, mas de verdades. Sem dúvida, em ciência, uma única pessoa pode contrariar a todos, coisa que já ocorreu diversas vezes na história. Porém, a ciência mudou no último século; a imagem do herói solitário que luta contra tudo e todos em prol de suas idéias é uma visão que, apesar de bela e romântica, não descreve mais o empreendimento científico. Hoje em dia, estudos climáticos são feitos por grupos trabalhando juntos, em muitos casos dependendo de simulações em supercomputadores e de sistemas extremamente complexos de análise de dados colhidos em estações espalhadas pelo planeta. Portanto, embora a maioria não tenha sempre razão, é muito, mas muito mais provável que tenha. Dada a importância vital da questão climática, mesmo que exista alguma dúvida quanto aos detalhes, apenas um caminho pode ser tomado: o da prevenção. Precisamos preservar nosso planeta, controlando a poluição e o crescimento populacional. A alternativa – a degradação ecológica, a extinção de um número crescente de espécies, o aumento das pragas e das doenças tropicais, da miséria e da fome – é inaceitável.

Queria terminar esta carta abordando outro tema extremamente importante hoje e que será mais ainda no futuro: a engenharia genética e suas repercussões. Mencionei antes que a biologia molecular avançou a ponto de se tornar possível criar clones de animais e produzir no laboratório alimentos modificados geneticamente. Essas novas tecnologias de manipulação genética representam uma verdadeira revolução científica: alimentos transgênicos podem – em princípio – ajudar no combate à fome, aumentando tanto a produção de alimentos quanto sua resistência a pragas e, portanto, diminuir seu preço. Digo em princípio porque existe uma série de obstáculos a serem vencidos antes que isso ocorra. O primeiro é o mais importante: alimentos transgênicos podem interferir no equilíbrio ecológico da região onde são plantados. Antes de as regiões agrícolas da Terra serem invadidas por espécies transgênicas, faz-se absolutamente necessário garantir que não causarão um impacto negativo, ou mesmo destrutivo, no ecossistema. Testes em laboratórios produzem resultados ainda ambíguos, mesmo que megaprodutores de transgênicos, como a Monsanto, garantam que não existe qualquer problema com o ecossistema ou com a ingestão desses alimentos. É curioso que um movimento oposto, o da produção de alimentos "orgânicos", sem pesticidas ou interferência genética, vem crescendo lado a lado com o aumento da produção de transgênicos. Isso demonstra uma desconfiança da sociedade com relação a uma nova tecnologia que ainda não foi confirmada como segura. Ninguém voaria em aviões se eles caíssem com freqüência. Por outro lado, refutar cegamente uma nova tecnologia capaz de grandes benefícios por uma questão de "princípio" é uma demonstração de ignorância. Cabe aos cientistas examinarem os riscos da nova tecnologia e explicar seus resultados ao público.

A manipulação genética não se restringe às plantas; hoje, é possível clonar uma série de animais, criar cópias idênticas deles a partir do material genético encontrado em uma de suas células. Além disso, demonstrou-se que um tipo de célula chamado célula-tronco, abundante em fetos de alguns dias, pode ser induzido a gerar as células que formam qualquer órgão ou tecido do corpo humano. A repercussão dessa descoberta é tremenda: existem inúmeras doenças que, em princípio, são curáveis por meio da implantação de células-tronco no paciente, incluindo traumatismos na espinha dorsal, doença de Parkinson e vários tipos de câncer. Não é exagero afirmar que o uso das células-tronco em humanos tem o potencial de revolucionar a medicina. Parece que estamos mesmo prestes a entrar num "admirável mundo novo". Só espero que esse mundo seja bem mais benevolente e sábio do que o profetizado na obra-prima de Aldous Huxley. Muito disso depende dos cientistas e de sua atuação social.

Tanto a clonagem quanto o uso medicinal de células-tronco têm sérias repercussões sociais. Começando com a clonagem, imagine o que significaria criar cópias suas, essencialmente idênticas a você. Quem seriam essas cópias? Você? Certamente que não. Essas cópias teriam um corpo idêntico ao seu, mas não seriam você. Não teriam as memórias, as experiências, a vivência que define quem você é. A menos que os clones fossem sujeitos exatamente às mesmas situações que você experimentou durante toda a sua vida, não seriam você; seriam outra pessoa em seu corpo. A maioria esmagadora dos cientistas é absolutamente contra a clonagem de seres humanos. Tudo bem clonar um touro campeão para que seus genes sejam passados a novas gerações. Mas clonar humanos não serve a nenhum propósito. Casais que não podem ter filhos dispõem de inúmeras técnicas para combater a infertilidade; e quem gostaria de ter um filho gêmeo? Seria um ato extremamente egoísta, um crime contra essa criança. Seria roubar-lhe a individualidade, comprometer indelevelmente seu futuro.

Em minha opinião, a clonagem de humanos deveria ser considerada um ato criminoso, tal qual o uso de uma arma nuclear. Felizmente, apesar de várias tentativas, ela ainda não foi obtida com sucesso, ao menos até janeiro de 2007, quando escrevo essas linhas. Infelizmente, as dificuldades parecem ser técnicas, e não conceituais; trata-se de uma mera questão de tempo.

Eis outro aspecto dessa tecnologia, hoje ainda ficção científica mas... Imagine que, no futuro, seja possível armazenar as memórias de alguém num computador, tudo o que essa pessoa viveu, nos mais absolutos detalhes. Imagine, também, que essas memórias possam ser implantadas num clone da pessoa. Nesse caso, a ciência teria encontrado a fórmula da imortalidade: bastaria que as memórias fossem passadas de clone para clone indefinidamente para que a pessoa vivesse para sempre. Outra possibilidade é que a medicina e a biologia molecular encontrem mecanismos para retardar o envelhecimento ao nível celular. Com isso, você poderia escolher com que idade pararia de envelhecer fisicamente. (Eu diria que 32 anos não é má escolha.) Apesar de essas possibilidades estarem muito distantes de nossa (especialmente da sua) realidade, elas não são impossíveis. Não há dúvida de que as novas tecnologias de manipulação genética requerem uma séria reflexão sobre suas implicações éticas.

Voltando ao presente, esse debate ético já ocorre com a questão do uso medicinal das células-tronco. O dilema é que elas têm de ser extraídas de fetos de alguns dias, que, conseqüentemente, são destruídos no processo. Será que esse procedimento é justificado? Grupos religiosos e conservadores afirmam que fazer isso é assassinar um ser humano incapaz de se defender. Grupos mais liberais afirmam que um feto de alguns dias não pode ainda ser considerado humano, porque não tem cérebro ou consciência. O debate é complexo e difícil. Uma solução temporária sugerida por cientistas é o uso de óvulos armazenados em clínicas de fertilidade. Muitos desses óvulos, extraídos de mulheres que tentam ter filhos por intervenção médica, são descartados (leiam-se "destruídos") quando não utilizados. Por que, então, não usá-los em benefício de milhões de pessoas? Não acredito que exista qualquer dúvida aqui. Os óvulos podem ser fertilizados artificialmente, as células-tronco dos fetos resultantes, extraídas e usadas na cura de doenças. Esse é outro exemplo em que o uso de uma nova tecnologia tem sérias implicações éticas que afetam a sociedade como um todo.

Acabo de ler no jornal que cientistas descobriram que células-tronco podem ser extraídas do líquido amniótico! Testes realizados mostram que essas células-tronco têm a mesma capacidade de gerar células de vários tecidos que as extraídas de fetos. Essa descoberta pode mudar radicalmente o debate sobre a utilização de células-tronco; não é mais necessário destruir fetos de alguns dias; basta extrair as células de amostras retiradas de mulheres grávidas. Como a extração de líquido amniótico é um teste muito comum durante a gravidez (permitindo diagnosticar inúmeras doenças genéticas), potencialmente teremos células-tronco em abundância.

O ritmo com que a ciência avança hoje é, às vezes, inacreditável. A história das células-tronco mostra que, se quisermos uma ciência ética, não devemos censurá-la, e sim financiá-la. Com isso, a sociedade contribui para que a utilização de novas idéias possa tomar direções aceitas pela maioria da população.

Não há como evitar a importância da ciência em nossas vidas. Isso será cada vez mais verdadeiro à medida que as tecnologias digitais e genéticas avançarem e o planeta ficar mais poluído. Daí o papel essencial do cientista na vida pública, não só como gerador de novas idéias ou de suas aplicações tecnológicas, mas como disseminador delas e de suas conseqüências éticas e sociais. Felizmente, com você não me preocupo: sei que levará isso a sério em sua carreira. Afinal, não é à toa que escreverá este livro em trinta anos!

8. CIÊNCIA E FÉ

Caro Marcelo

Estava mesmo na hora de escrever sobre ciência e religião, conforme havia prometido. Com certeza, foi sempre um tema muito presente em nossas vidas. E posso lhe garantir que continuará sendo! Houve mudanças de posicionamento desde os nossos 17 anos, como não podia deixar de ser. Com o passar do tempo, aquela relação meio mística com a Natureza, que você conhece tão bem, aquela atração pelo misterioso e pelo desconhecido e – por que não dizer? – aquele fascínio pelo oculto encontraram seu caminho na ciência, no estudo racional do cosmo. Você pode achar isso estranho, olhando para a nossa biblioteca e vendo todos esses livros sobre Taoísmo e yoga, sobre vampiros e contos sobrenaturais perfilados nas estantes. Mas lembre-se da pró-cura, das escolhas que forjam seu caminho. Você fará as suas, que o levarão em direção ao estudo sério da física. Veja que essa dedicação à ciência não o afastará desse fascínio adolescente pelo desconhecido; pelo contrário, por meio da ciência, você irá abraçá-lo por completo.

A crença tão popular de que a ciência, por estar preocupada em explicar os fenômenos do mundo natural, é uma atividade fria e racional, interessada apenas no aspecto material das coisas, consiste, em minha opinião, numa grande distorção. Claro, existe o lado prático da ciência, em particular nas ciências físicas, que é o de explicar o que é observado no Universo por meio de leis e teorias formuladas matematicamente. Para isso, são necessários anos de treinamento. Quando falamos na força da gravidade, descrevendo-a por intermédio da lei obtida por Newton, não há espaço para elucubrações ou fantasias bizarras. A equação é uma formulação precisa de como dois objetos com massa são atraídos por uma força. Muita gente fica só nisso, contente em abordar essas questões usando as ferramentas da física. Mas nós não. Precisamos dar significado ao que fazemos, ir além da mera resolução de problemas. Precisamos, enfim, ter uma *raison d'être* que vá além das aplicações imediatas da ciência.

Nisso, não estamos sós. Aliás, estamos em excelente companhia. Muitos dos grandes mestres do passado viam a ciência como um veículo de aproximação com o divino: para Kepler ou Newton, o divino significava o Deus judaico-cristão, onipotente e onipresente, o criador do Universo e de tudo o que existe, responsável por seu funcionamento. Para outros, especialmente a partir do século XVIII, Deus era responsável apenas pela criação do cosmo e pelas leis que regem seu comportamento. Esse "Deus relojoeiro" ocultava-se dos homens; Sua presença estaria manifesta na Natureza e em seus mistérios. Mais tarde, em cientistas como Einstein, a relação entre a Natureza e o divino chegou a um nível ainda maior de abstração; não havia mais uma crença num Deus criador, sobrenatural. O divino passou a ser uma representação simbólica do mundo natural. Entretanto, e esse é o ponto importante para nós, seja qual for a motivação subjetiva desses cientistas (ou de qualquer cientista), a ciência é sempre o veículo de aproximação entre os homens e a Natureza, seja ela criação de um Deus sobrenatural ou não.

Essa tradição de associar a ciência, ou o estudo racional das leis que regem o funcionamento do cosmo, ao divino é bem mais antiga do que a Renascença. Podemos traçar suas origens aos filósofos pré-socráticos da Grécia Antiga, em particular Pitágoras, famoso pelo teorema geométrico que leva seu nome. Em torno de 650 a.C., Pitágoras fundou uma escola, ou melhor, uma comunidade de filósofos, cujo objetivo era refletir sobre as relações entre os números e como elas podem ser usadas para representar o mundo. Segundo os pitagóricos, tudo na Natureza pode ser representado por números. Não só as formas dos objetos podem ser reduzidas a triângulos, quadrados, círculos, cada qual com um número associado (triângulo, 3; quadrado, 4...), mas também as sensações por meio das quais percebemos a realidade: Pitágoras mostrou que os sons que consideramos harmônicos dão origem a uma escala cujas notas podem ser obtidas ao soarmos uma corda de violão (ou, na época, de uma lira) nas várias frações de seu comprimento original envolvendo números inteiros do tipo $1/2$, $3/4$ etc. Vem dos pitagóricos a noção de que essas mesmas relações geométricas existem pelo cosmo afora, inclusive regendo as distâncias entre os planetas. Daí a belíssima imagem de que, ao girarem em torno do Sol (da Terra, para Pitágoras), os planetas produzem a "música das esferas".

A essência do pensamento pitagórico, de que a matemática é o dialeto com que a razão humana e a Natureza conversam, marca o início da tradição científica. Somos todos herdeiros de Pitágoras, buscando pelas relações numéricas que codificam o cosmo. A linguagem geométrica é essencial na descrição do mundo natural. Aliás, vem daí a noção de que "Deus é um geômetra", algo que Platão e, bem mais tarde, Kepler e muitos outros terão como inspiração para o seu trabalho. Einstein tinha uma posição essencialmente idêntica: "Deus" é o conjunto das leis que regem a Natureza, cujo conteúdo a razão humana pode captar, mesmo que superficialmente, por intermédio da matemática em geral, e da geometria em particular.

Minha posição, hoje, é semelhante; a ciência é, para mim, uma atividade profundamente espiritual, que me aproxima da Natureza e, como conseqüência, de minha essência. Não vejo qualquer necessidade de suscitar a existência de entidades sobrenaturais para tapar os buracos de nosso conhecimento. Pelo contrário, acho que tentar explicar o que não sabemos conjurando deuses interfere com nosso questionamento, drena nossa curiosidade. Aceitar que, por exemplo, o cosmo e a vida são resultado de ações sobrenaturais torna supérfluo qualquer esforço de entender cientificamente a origem do cosmo e da vida. Se todos pensassem assim, a ciência deixaria de progredir, limitando-se a aplicações práticas. Não há nada de errado nelas; pelo contrário, são cada vez mais fundamentais para a sociedade. Mas a ciência não se restringe apenas ao imediato ou ao comercial. Está entrelaçada com nossa cultura: a visão de mundo de uma pessoa do século XXI é profundamente diferente da de uma pessoa do século XVI. Somos nossa cosmologia.

Há um debate acirrado entre ciência e religião. Muitos se referem a uma "guerra" entre ambas, uma situação muito infeliz. Já no século V, Santo Agostinho dizia que buscar a compreensão dos fenômenos naturais por meio da razão afasta os homens do verdadeiro caminho da Salvação, que é a entrega total a Deus. De um lado, pessoas religiosas sentem sua fé usurpada pela ciência, que, ao avançar, torna explicações sobrenaturais sobre o mundo cada vez menos relevantes. De outro, cientistas vêem a interferência de grupos religiosos com o ensino de ciência (como a teoria da evolução em algumas escolas dos Estados Unidos e, pasme, no Rio de Janeiro), ou a tentativa de convencer o governo a restringir a pesquisa em certos tópicos (como o uso de células-tronco em medicina), como o retorno a um obscurantismo medieval calcado na mais absoluta ignorância.

O que tem ocorrido, nesta primeira década do século XXI, é uma exacerbação das posições extremistas dos dois grupos. Nos Estados Unidos em particular, a situação piorou durante o governo do presidente George W. Bush, que se declara um cristão devoto, evangélico. Em seus discursos, o senso de que seu governo é uma cruzada do bem contra o mal, em que o mal representa qualquer governo que não compartilhe de seus ideais, é bastante claro. Pela primeira vez, a direita cristã conservadora está no poder da nação mais rica da Terra. Como resultado, cresceu o terrorismo contra os Estados Unidos e seus aliados; as desastrosas guerras no Iraque e no Afeganistão transformaram-se em campos de motivação e treinamento para terroristas muçulmanos. Nesse meio-tempo, o Irã, nas mãos de um presidente ainda mais radical do que Bush, vem transformando-se na nova "ameaça", um país controlado por muçulmanos ortodoxos decididos a produzir armas nucleares e extirpar Israel. Parece que estamos mesmo de volta às Cruzadas medievais, cristãos contra muçulmanos, os governos de ambos os lados misturando deliberadamente religião e Estado, uma receita infalível para o desastre. Sem querer ser muito desanimador, acho que Wheeler tem mesmo razão. A menos que a política externa americana mude, a polarização só tende a crescer.

É em meio a esse clima político que se encontra o presente embate entre ciência e religião. Fica óbvio, uma vez entendida a situação internacional e o entrincheiramento do radicalismo, por que a tensão entre cientistas ateus e grupos religiosos está aumentando. Se grupos religiosos vão usar o poder político para censurar a pesquisa científica e o ensino de ciência nas escolas, os cientistas têm mesmo de reagir. A questão nada trivial é como articular essa reação de um modo que seja eficaz. O que tem ocorrido é a publicação de livros escritos por membros de ambos os grupos, tentando convencer o público a adotar posições radicais: intolerância absoluta contra a religião ou intolerância contra a ciência. Cientistas e pensadores como Richard Dawkins, Sam Harris e Daniel Dennett adotam uma postura anti-religiosa: apenas a ciência pode oferecer a luz nas trevas; qualquer pessoa com um mínimo de educação e inteligência tem de ser atéia. Obviamente, muitas pessoas religiosas sentem-se ofendidas. Por outro lado, criacionistas e defensores do "design inteligente" pregam que a ciência jamais poderá explicar certas questões e que apenas uma inteligência divina poderia ter criado a complexidade do mundo natural. Ademais, os criacionistas tentam interferir no processo educacional, alegando que a Bíblia e Darwin devem ser ensinados conjuntamente, como versões alternativas da evolução.

O que um jovem cientista pode fazer numa situação dessas? Tudo depende de sua relação com a religião. Vejo três possibilidades. Ao contrário do que Dawkins e outros dizem, não há contradição fundamental entre ser religioso e ser cientista. Lembro-me de um colega de sala em Londres, excelente aluno, que, nas horas apropriadas, voltava-se na direção de Meca e ajoelhava-se sobre seu tapete para as orações a Maomé. Como ele, existem milhares de outros. Como isso pode ser possível? Ser religioso e cientista ao mesmo tempo? Após aprendermos sobre a vida de cientistas como Galileu, Kepler ou Newton, não deveria ser tão surpreendente que muitos cientistas conseguem conciliar sua fé e sua ciência. Mais do que conciliar: a ciência é um instrumento de sua fé. Para eles, sejam eles cristãos, hindus, muçulmanos, judeus ou espíritas, a ciência ajuda a compreender e a admirar a obra divina. Não sei exatamente como esses cientistas vêem, por exemplo, a questão da origem do Universo, mas imagino que acreditem que essa e, dependendo do cientista, outras perguntas estejam além do que a ciência possa responder.

Um segundo grupo de cientistas, no qual incluo Dawkins e, por exemplo, Steven Weinberg, autor do famoso *Os Três Primeiros Minutos* e um dos físicos mais importantes da segunda metade do século XX, é o dos ateus radicais. Já mencionei sua postura anti-religiosa e antifé. Para eles, a religião é, essencialmente, uma perda de tempo. O problema que vejo em relação a essa postura é que ela é tão extrema em seu desprezo pela fé quanto seu oposto – os evangélicos ultraconservadores, os criacionistas, os judeus e os muçulmanos ortodoxos – em seu desprezo pela ciência. Acho inocente lutar contra o fato de que a maioria das pessoas acredita em Deus, seja Ele o Deus bíblico, Vishnu ou outra divindade. É fútil tentar eliminar a necessidade que as pessoas têm de acreditar em algo que vá além do material. Eis o que escrevi numa coluna do jornal *Folha de São Paulo*, publicada no dia 3 de dezembro de 2006:

> Se fico transtornado quando vejo a infiltração de grupos religiosos extremos nas escolas querendo mudar o currículo, tratando a ciência em pé de igualdade com a Bíblia; se concordo que o extremismo religioso é um dos grandes males do mundo; se batalho contra a disseminação de crenças anticientíficas absurdas como o design inteligente e o criacionismo na mídia; por que, então, critico o ateísmo radical de Dawkins?
>
> Porque não acredito em extremismos e intolerância. Porque não vejo o radicalismo criar amigos ou novos aderentes, apenas mais inimigos e ódio. Porque o extremismo é o pior dos diplomatas. Sei bem do preconceito contra os ateus, preconceito que vem da crença absurda (popular em alguns países, como os EUA) de que só as pessoas religiosas podem ser morais. É essa crença ignorante que deve ser combatida; ninguém precisa acreditar na Bíblia para saber que matar

é errado, se bem que esses ensinamentos são esquecidos na brutalidade selvagem das guerras religiosas que pontuam a história. É a hipocrisia usada sob a bandeira da fé que deve ser combatida, e não a fé em si.

Acho que esse texto deixa minha posição clara. Pertenço a um terceiro grupo de cientistas, os que são ateus mas que entendem e respeitam a importância da fé na vida da maioria absoluta da população mundial. Em minha opinião, a intolerância é não só vil, como inútil. Ela, sim, é uma grande perda de tempo, que só leva a mais intolerância. Se me orgulho de ser humano, de poder raciocinar sobre o mundo à minha volta e minha relação com a sociedade, não vejo como adotar uma postura intolerante com relação a uma escolha feita por outra pessoa, qualquer que seja. O que é necessário é refletir sobre as causas da reação anticientífica e combatê-las por meio da educação e da atuação social.

Todo cientista deve lembrar-se de algo fundamental: para os não-cientistas, especialmente aqueles que cresceram dentro da cultura judaico-cristã-muçulmana, a ciência destruiu a ordem cósmica, cuja hierarquia era definida pela fé. Por mais de três mil anos (se contarmos a partir dos judeus), as coisas faziam sentido. Deus é o criador; nós, os pecadores. Deus é perfeito; nós, imperfeitos. Se queremos a paz espiritual, devemos aceitar essa hierarquia e usar a fé para nos redimir. Para os judeus, a escolha é um pouco mais abstrata. Para os cristãos, é entre duas possibilidades: Paraíso ou Inferno. Se a vida é uma seqüência interminável de desgraças, não se desespere; abrace a fé e sua devoção será recompensada por toda a eternidade. E o ponto é que as pessoas sofrem, e muito. Se não se agarrarem à fé, ao que se agarrarão? Essa é a força da religião. A partir do século XVII, a ciência começa a questionar isso tudo, até mesmo a existência de Deus. As pessoas sentem-se ameaçadas, abandonadas. Como podem encontrar a redenção num cosmo regido por forças agindo sobre partículas de matéria? O que a ciência oferece em troca?

Eis a razão da perplexidade causada pela ciência: como os seres humanos, capazes de amar e sofrer com tanta intensidade, podem reconciliar sua existência com um Universo tão indiferente ao amor e ao sofrimento?

Minha resposta é simples: celebrando a vida. A ciência não nos oferece a esperança da vida eterna no Paraíso, ou consolo na perda de uma pessoa amada. Para isso, temos o ombro dos amigos, dos parentes, das pessoas que nos querem bem. Mas a ciência nos mostra o quanto a vida é preciosa, o quanto é rara.

Num Universo indiferente ao amor e à dor, regido por forças agindo sobre átomos inanimados, eis que, num pequeno planeta, o terceiro em órbita em torno de uma modesta estrela, uma dentre bilhões de outras, esses átomos combinam-se para formar beija-flores, tubarões, lagostas, baleias e golfinhos, rosas e girassóis, sequóias e magnólias, mosquitos e borboletas, chimpanzés e seres humanos. Os humanos evoluem, organizam-se em grupos, começam a plantar e a domesticar animais, desenvolvem a escrita, perguntam-se sobre os céus, sobre as forças da Natureza, procurando por respostas, por dar sentido à sua existência. Entendem que a vida é finita, que a morte é inevitável, que a essência da Natureza é transformação e que, sendo parte dela, também se transformam. Olham para o mundo e, corajosos, tentam expandir seus horizontes construindo barcos, carroças, carros, aviões, foguetes, viajar ao desconhecido. Sua curiosidade é insaciável. Exploram outros mundos procurando por outras formas de vida, mundos distantes, exóticos, hostis, mortos. A solidão é esmagadora. "Será que estamos mesmo sós?", perguntam-se. Não sabem. Vêem luzes nos céus e enchem-se de esperança, de fantasia: "Talvez não estejamos sós, talvez existam outros como nós, melhores do que nós, mais avançados, mais sábios." Olham para as estrelas procurando pelos anjos que não encontraram nos céus. Iludem-se, pois não querem aceitar sua solidão, não querem aceitar a responsabilidade que vem com ela. Mas a ciência nos ensina que temos de aceitá-la, que a vida, se existir em outros mundos, será muito diferente, talvez incompreensível, talvez nem mesmo identificável. E que, se existir, estará tão longe que será praticamente inatingível, quase como os anjos nos céus. Mesmo assim, será maravilhoso encontrá-la, algo profundamente transformador. Saberemos, então, que, embora intangíveis, outros seres vivos existem, na distância. Feito as estrelas, cuja luz, ainda que fraca, chega a nossos olhos.

CONHEÇA TAMBÉM:

• Este livro oferece dicas e conselhos valiosos para os querem ser estilistas de sucesso ou profissionais renomados da área de moda.

cartas a um jovem

estilista

Alexandre Herchcovitch

ISBN: 978-85-352-2214-2
Páginas: 142

• O autor traça um painel da evolução do exercício da medicina nos últimos 50 anos e fala da deformação do exercício profissional atualmente.

cartas a um jovem

médico

Adib Jatene

ISBN: 978-85-352-2117-6
Páginas: 208

CONHEÇA TAMBÉM:

• O autor revela a todos os jovens aspirantes a cargos públic essência da política e traz informações imprescindíveis para todos que têm uma vida pública consolidada.

cartas a um jovem

político

Fernando Henrique Cardoso

ISBN: 978-85-352-1866-4
Páginas: 212

• O autor oferece reflexões sinceras sobre a arte de adminis gerir, na tentativa de incentivar todos que se iniciam na pr

cartas a um jovem

administrador

Idalberto Chiavenato

ISBN: 978-85-352-2238-8
Páginas: 164

CONHEÇA TAMBÉM:

• O autor apresenta os desafios que serão enfrentados pelo jovem e futuro empreendedor.

cartas a um jovem

empreendedor

Ozires Silva

ISBN: 978-85-352-1915-9
Páginas: 148

• O autor ensina àqueles que receberam uma herança como administrar a pressão gerada pelo sucesso dos pais.

cartas a um jovem

herdeiro

Renato Bernhoeft

ISBN: 978-85-352-1578-6
Páginas: 192

CONHEÇA TAMBÉM:

• O autor oferece ao leitor uma série de cartas escritas a um jovem que esteja iniciando ou pensando em iniciar ou profissionais já atuantes na área da psicoterapia.

cartas a um jovem

terapeuta

Contardo Calligaris

ISBN: 978-85-352-1493-2
Páginas: 176

• Este livro apresenta textos escritos pelo chef Laurent Suaudeau para jovens que estejam iniciando no ramo da culinária.

cartas a um jovem

chef

Laurent Suaudeau

ISBN: 978-85-325-1429-1
Páginas: 176

Sistema CTcP,
impressão e acabamento
executados no parque gráfico da
Editora Santuário
www.redemptor.com.br - Aparecida-SP